农村干部教育·农村经济综合管理系列图书

家庭农场与农民专业合作社管理实务

第二版

姚凤娟　耿鸿玲　主编

JIATING NONGCHANG YU
NONGMIN ZHUANYE HEZUOSHE GUANLI SHIWU

化学工业出版社

·北京·

内容简介

《家庭农场与农民专业合作社管理实务》是在总结家庭农场和农民专业合作社管理教学经验的基础上，广泛吸收家庭农场和农民专业合作社的典型案例及管理经验后编写而成的。其主要内容包括三个模块、十个学习项目：模块一创办家庭农场，包括认识家庭农场、成立家庭农场和管理家庭农场三个项目；模块二创办农民专业合作社，包括认识农民专业合作社和成立农民专业合作社两个项目；模块三管理农民专业合作社，包括农民专业合作社业务管理、财务管理、文化管理、风险管理和整合管理五个项目。本书引入大量案例，通俗易懂，对目前家庭农场和农民专业合作社的管理运营提出了可行性建议，对于培养一批懂技术、会经营、能管理的家庭农场主及农民专业合作社法人，提高农民收入，改善农民经营管理的理念具有很大的指导意义。

本书可作为农村经济综合管理类专业学生的教材，也可供新型农民培训和农村经济管理工作者学习参考。

图书在版编目（CIP）数据

家庭农场与农民专业合作社管理实务/姚凤娟，耿鸿玲主编．—2版．—北京：化学工业出版社，2021.8（2024.2重印）

ISBN 978-7-122-39316-6

Ⅰ.①家⋯ Ⅱ.①姚⋯②耿⋯ Ⅲ.①家庭农场-农场管理-中国-教材②农业合作社-专业合作社-经营管理-中国-教材 Ⅳ.①F324.1②F321.42

中国版本图书馆CIP数据核字（2021）第112649号

责任编辑：迟　蕾　李植峰　　　　加工编辑：温月仙
责任校对：宋　夏　　　　　　　　装帧设计：王晓宇

出版发行：化学工业出版社（北京市东城区青年湖南街13号　邮政编码100011）
印　　装：三河市延风印装有限公司
710mm×1000mm　1/16　印张13¾　字数214千字　2024年2月北京第2版第6次印刷

购书咨询：010-64518888　　　　　售后服务：010-64518899
网　　址：http://www.cip.com.cn
凡购买本书，如有缺损质量问题，本社销售中心负责调换。

定　　价：39.80元　　　　　　　　　　　　　　　　版权所有　违者必究

《家庭农场与农民专业合作社管理实务》
（第二版）编写人员

主　编　姚凤娟　耿鸿玲

副主编　郑　军　黄盼盼　郑　慧　陈　啸　郭洪菊

编　者　（按姓名汉语拼音排序）

　　　　陈　啸　段会勇　耿鸿玲　郭洪菊　黄盼盼

　　　　李　蒙　刘　涵　徐西莹　姚凤娟　郑　慧

　　　　郑　军

前言

在市场经济的引领下,传统的农村家庭承包经营模式已融入农业商品化、产业化、信息化的元素,广大农民为了适应农村经济的快速发展,或自发地组织起来,在农业生产的产前、产中、产后开展合作,办起了各种形式的专业合作组织;或自己承包大量的土地,开展农场经营。这种以家庭承包经营为基础,以互助互利为目的,以"民办、民管、民受益"为特征的新型合作组织和新型的农场经营模式,适应了现阶段我国农村生产力发展的要求,也符合目前市场经济发展的需要,为实现农业生产与变化多端的市场对接,推动农业规模化、标准化、信息化和产业化发展,促进农业增产、农民增收,找到了新的途径,奠定了新的基础。

为此,国家于2006年10月31日通过《中华人民共和国农民专业合作社法》(自2007年7月1日起实施);国务院也公布了《农民专业合作社登记管理条例》,并于2007年7月1日起施行。随后,各省份相继出台了相应的政策以及家庭农场和农民专业合作社的认定标准和登记注册办法,政府从法律和政策的层面保障农民专业合作社和家庭农场的运营。因此,在总结家庭农场和农民专业合作社管理教学经验的基础上,我们着手编写了《家庭农场与农民专业合作社管理实务》这本书。此书编写过程中广泛吸收了家庭农场和农民专业合作社的典型案例及管理经验,同时应用了部分山东省济宁市高级职业学校、山东省济宁市农村干部学校国家级中职改革示范校建设成果。本书编写以工作过程为主线,从工作情境入手,用模块、项目、案例引入技能点,串联需要的知识点,以求直观易懂、易于实际操作,力求体现实用性、时代性、启发性和规范性,努力贴近学生和读者的学习及工作实际需要。

本书从实务的角度出发,介绍如何创办和经营管理家庭农场与农民专业合作社,共设三个模块、十个学习项目。其中第一模块从目前中国农业发展形势入手,介绍家庭农场特征、模式、创办和经营管理;第二模块是告诉读者如何去创办一个规范的农民专业合作社，从对农民专业合作社的认识到创办农民专业合作社，从成立农民专业合作社前的准备到最终领取营业执照均做了详尽的说明；第三模块主要介绍农民专业合作社如何去经营管理，从业务管理、财务管理、文化管理、风险管理和整合管理等几个方面做了讲解。

在教学方式上，建议使用互动加模拟的教学方式，成立模拟农民专业合作社，组织学习团队实训模拟，让学生参与进来，充分调动学生学习积极性，教师主要是课堂的组织者和引导者。让学生参观一些国家级和省部级示范性的家庭农场和农民专业合作社，开展现场教学，学习管理方式和经验。只有充分调动学生学习的积极性和主动性，才能真正达到本课程的教学目标。

由于时间仓促，编者水平有限，故书中疏误之处在所难免，敬请指正。

编者

2021 年 4 月

目录
CONTENTS

模块一　　创办家庭农场　/001

项目一　认识家庭农场　/002
一、什么是家庭农场　/002
二、家庭农场的特征　/003
三、家庭农场的主要模式　/004
四、发展家庭农场的意义　/008

项目二　成立家庭农场　/010
一、家庭农场的认定标准　/010
二、家庭农场的注册、登记　/011

项目三　管理家庭农场　/019
一、家庭农场的规划布局　/019
二、家庭农场的经营模式与经营定位　/021
三、家庭农场的资源管理　/028
四、家庭农场的销售管理　/033
五、家庭农场运营存在的问题与应对策略　/035

模块二　　创办农民专业合作社　/042

项目一　认识农民专业合作社　/043
一、什么是农民专业合作社　/043
二、为什么要创办农民专业合作社　/048
三、农民专业合作社的发展历程　/052

项目二　成立农民专业合作社　/059
一、合作社成立前的准备　/060
二、组织发起　/064
三、起草农民专业合作社章程　/069
四、组织召开设立大会　/084
五、准备相关登记注册文件、登记注册并领取执照　/090

目录
CONTENTS

模块三　　管理农民专业合作社　/ 119

项目一　农民专业合作社业务管理　/ 120
　一、农民专业合作社制度管理　/ 120
　二、农民专业合作社购销管理　/ 131
　三、农民专业合作社生产经营管理　/ 132
　四、农民专业合作社加工运输管理　/ 133
　五、农民专业合作社技术信息服务　/ 133

项目二　农民专业合作社财务管理　/ 139
　一、农民专业合作社资金筹集　/ 140
　二、农民专业合作社账目设立与资产管理　/ 142
　三、农民专业合作社成员账户管理　/ 143
　四、农民专业合作社财务人员管理　/ 145

项目三　农民专业合作社文化管理　/ 151
　一、精神文化　/ 152
　二、物质文化　/ 153
　三、制度文化　/ 154
　四、公益文化　/ 155

项目四　农民专业合作社风险管理　/ 156
　一、内部风险　/ 157
　二、外部风险　/ 160
　三、应对风险的措施　/ 161

项目五　农民专业合作社整合管理　/ 167
　一、农民专业合作社的合并　/ 168
　二、农民专业合作社的分立　/ 170
　三、农民专业合作社的解散与清算　/ 171

目录
CONTENTS

附录一　关于实施家庭农场培育计划的指导意见　/175

附录二　家庭农场管理制度范本　/182

附录三　关于开展农民合作社规范提升行动的若干意见　/188

附录四　中华人民共和国农民专业合作社法　/196

参考文献　/209

模块一　创办家庭农场

项目一 认识家庭农场

一、什么是家庭农场

家庭农场概念最早起源于欧美地区,在欧美大部分国家,农户拥有土地所有权,在自己的土地上进行农业生产,家庭成员作为其主要劳动力。欧美国家的家庭农场就相当于一个农业企业,农业生产规模化程度高、专业性强,而在中国,大部分家庭农场更类似于种植大户或养殖大户的升级版。中西方在"农场"的定义上也有很大不同,欧美地区的农场不论土地面积大小,只要是属于一个经营单位且具有农业用途的土地都可以称作"农场";而在我国,农场主要指以自主经营、自负盈亏为特征从事农业规模化、标准化、集约化生产的经济组织。

2013年中央一号文件《中共中央、国务院关于加快发展现代农业 进一步增强农村发展活力的若干意见》中提出我国农村要坚持依法自愿有偿原则,创新农业生产经营体制,引导农村土地承包经营权有序流转,鼓励家庭农场、专业大户以及农民合作社的发展,发展多种形式适度规模经营。继续增加农业补贴资金规模,新增补贴向主产区和优势产区集中,向专业大户、家庭农场、农民合作社等新型生产经营主体倾斜。"家庭农场"的概念首次在中央一号文件中出现。

针对目前农村的现状,未来中国"谁来种地、怎么种好地"的问题亟待解决,如何加快培育多元化新型农业经营主体、怎样改变农村分散式小规模经营方式变得尤为重要。2013年随着中央一号文的政策出台,原农业部明确提出家庭农场的概念,2014年《农业部关于促进家庭农场发展的指导意见》正式颁发,标志着家庭农场将会成为我国新型农业经营的主体之一。

家庭农场是指以家庭成员为主要劳动力,从事农业规模化、集约化、商品化生产经营,并以农业收入为家庭主要收入来源的新型农业经营主体。2019年8月27日国家11个部门再次联合颁发的《关于实施家庭农场培养计划的指导意见》中除了提到规模化和集约化之外,又提出了"标准化"一词。因此,通俗地说,它是指现代农业家庭经营组织,以农户家庭为基本组织单位,以市场为导向,专门从事适度规模的农林牧渔的生产、加工和销售等经营活动,实行自主经营、自负盈亏的农业经营主体。

二、家庭农场的特征

1. 以家庭为生产经营单位

相对于专业大户、农民专业合作社和龙头企业等其他新型农业经营主体,家庭农场最鲜明的特征是以家庭成员为主要劳动力,以家庭为基本核算单位。家庭农场在要素投入、生产作业、产品销售、成本核算、收益分配等环节,都以家庭为基本单位,继承和体现家庭经营产权清晰、目标一致、决策迅速、劳动监督成本低等诸多优势。

2. 以家庭成员为主要劳动力

家庭农场不排斥雇工,但雇工一般不超过家庭务农劳动力数量,主要为农忙时临时性雇工。规模稍大些的家庭农场可以有1～2个长期雇工,但是如果长期大量雇工,就会出现成本增加、人员管理等诸多问题,丧失了家庭经营的优势。

3. 以农业经营收入为家庭全部或主要收入来源

家庭农场以提供商品性农产品为目的开展专业化生产,这使其区别于自给自足、小而全的农户和从事以非农产业为主的兼业农户。家庭农场的专业化生产程度和农产品商品率较高,主要从事种植业、养殖业生产,实行一业为主或多种产业结合的农业生产模式,满足市场需求、获得市场认可是其生存和发展的基础。家庭成员可能会在农闲时外出打工,但其主要劳动场所在农场,以农业生产经营为主要收入来源,是新时期职业农民的主要构成部分。

4. 以适度规模经营为基础

根据我国农业资源现状和目前农业发展实际,家庭农场经营的规模并非越大越好。经营规模要适度,既不能太大,也不要太小,种植或养殖经营要达到一定规模，这是区别于传统小农户的重要标志。目前，我国家庭农场的规模大小不一，从数十亩到上千亩（1 亩 = 666.7m²），但是都要有一定的规模。一般认为 20~500 亩为中小型，500~1000 亩为中大型，1000 亩以上为大型农场。我国家庭农场大多介于小型和中型家庭农场的规模之间，20~200 亩占绝大多数。其适度性主要体现在：经营规模与家庭成员的劳动能力相匹配，确保既充分发挥全体成员的潜力，又避免因雇工过多而降低劳动效率；经营规模根据产业特点和自身经营管理能力，实现最佳规模效应；能够实现土地产出率、劳动生产率和资源利用率较高水平，因地制宜，科学规划。

三、家庭农场的主要模式

作为家庭农场探索的先行者，上海松江、浙江宁波、安徽郎溪、湖北武汉、吉林延边等地涌现出了一批具有现代农业特征的不同类型、不同特色的家庭农场，形成了目前的 5 种主要家庭农场模式。

1. 上海松江模式

自 2007 年起，为了应对农业劳动力非农化和老龄化的趋势，上海市松江区开始实践百亩左右规模的家庭农场模式。其主要做法是，先将农民手中的耕地流转到村集体，然后由区政府出面将耕地整治成高标准基本农田，再将耕地发包给承租者。2013 年 3 月上海市松江区修订了《关于进一步规范家庭农场发展的意见》政策，确定了上海市松江区发展家庭农场的 5 个基本原则。

（1）农民自愿、有偿原则

家庭农场经营必须依法规范土地流转；家庭农场签订土地承包经营权流转合同后，应向原承包农户或拥有土地流转权的集体经济组织支付土地流转费。

（2）经营者自耕原则

家庭农场经营者必须主要依靠家庭人员从事农业生产经营活动；不得将所经营的土地再转包、转租给第三方经营；除季节性、临时性聘用短期用工外，不得常年雇用外来劳动力从事家庭农场的生产经营活动。

(3) 适度规模经营原则

家庭农场经营土地规模要与经营者的劳动生产能力相适应，既不能超出经营者现有生产能力而盲目扩张，也不能放空生产能力而人为缩小。现阶段家庭农场的土地规模以 100～150 亩为宜，随着农业生产力水平提高、农业劳动力的进一步转移，可逐步扩大土地规模，不断提高劳动生产率。

(4) 土地流转费用合理适度原则

土地流转费用事关流转双方的切身利益和家庭农场的稳定发展，必须兼顾公平与合理。要根据本镇、村的实际情况，确定合理的土地流转费用标准。土地流转费用一般以每年每亩 500 市斤（1 市斤＝0.5kg）稻谷为基数，以实物或折现金支付（当年稻谷国家收购价），各镇（街道）可根据当地实际情况适当调整。

(5) 经营者择优原则

家庭农场经营者必须要有一定的准入条件，包括身体素质、敬业精神、农业知识、农机操作技能等方面，要在农户自愿申请的基础上择优选用。对生产经营一贯较好（产量高于全区平均水平、考核成绩较好、农田形象整洁）的老家庭农场户，以及种养结合、机农一体的家庭农场可签订较长时间的承包协议；对新的家庭农场户，可在培训提高的基础上，签订短期的承包协议。

2. 浙江宁波模式

宁波作为最早探索发展家庭农场的地方之一，其家庭农场发展的最大特点是市场自发性。它以市场为主导，培育一批生产蔬菜、瓜果、畜禽养殖等规模大户，规模大户还进行了工商注册登记，成立了公司，进一步寻求贴近市场的发展方式。家庭农场大多都是通过承租、承包、有偿转让、投资入股等形式，分别集中当地分散的土地进行连片开发后发展起来的。经营的项目涉及种粮、蔬菜种植、苗木花卉、特种养殖等领域。有些家庭农场还因地制宜，借助当地独特的农业资源、田园风光等优势，发展休闲观光农业，使农场农产品采摘、观光、休闲合为一体，身价陡增。而且绝大部分农场主产业规模都是从小做到大，专业知识、实践技能较强，懂经营，会管理，有不少农场主是购销大户或农产品经纪人，市场信息灵，产销连接紧密，产品竞争力强。

宁波市家庭农场模式具有经营规模较大，产业覆盖面逐步拓宽，家庭农场主综合素质较好，管理水平较高、经营效益较好，市场竞争力较强、发展速度较快，地区间发展不平衡的特点。

3. 安徽郎溪模式

早在20世纪90年代，郎溪县家庭农场就初具雏形。随着郎溪县工业化城镇化步伐明显加快，离土进城务工的人越来越多，为一家一户的小规模种植向适度规模经营提供了条件。郎溪县农委牵头于2009年成立了"郎溪县家庭农场协会"，开展示范家庭农场建设，并且遴选了产业代表性强、规模较大、辐射带动作用明显且有一定影响力的家庭农场主为会员，让家庭农场抱团，破解家庭农场融资困难，共享技术培训和市场信息。2013年根据《中共中央国务院关于加快发展现代农业 进一步增强农村发展活力的若干意见》（中发〔2013〕1号）和《中共安徽省委、安徽省人民政府贯彻〈中共中央国务院关于加快发展现代农业 进一步增强农村发展活力的若干意见〉的实施意见》（皖发〔2013〕1号）等文件精神，经省政府同意，安徽省人民政府办公厅颁发了《关于培育发展家庭农场的意见》，制定了《安徽省示范家庭农场认定办法（试行）》。

安徽郎溪家庭农场模式具有数量增长快、流转经营显著、行业类型多样、规模经营效益好的特点。

4. 湖北武汉模式

2009年武汉市开始试点家庭农场，2011年，武汉市按照国家、省市文件精神，确定"支持发展家庭农场等新型经营模式"，鼓励农村有文化、懂技术、会经营的农民，通过承包、投资入股等形式，集中当地分散的土地进行连片开发。当家庭农场运营成熟后，武汉市探索"合作农场"以及"公司＋家庭农场＋基地"等模式。目前武汉市培育家庭农场的方向按照现代都市农业发展要求主要有四种类型：

（1）种植业家庭农场

即符合新农村建设和农业产业发展规划，流转土地10年以上，适度规模种植优质稻、油菜、鲜食玉米、蔬菜、西甜瓜等品种，蔬菜和粮油作物种植面积分别为50亩以上和100亩以上，有较稳定的技术依托单位和一定的农田基础设施。机械化作业水平达到60%以上，实行标准化生产。

（2）水产业家庭农场

即养殖范围在城市三环以外，流转集体养殖水面 10 年以上，建成标准精养鱼池 60 亩以上，名特优养殖品种率 70％以上，有较稳定的技术依托单位和一定的生产设施，机械化作业水平达到 60％以上。

（3）种养综合型家庭农场

即家庭农场主进行种植业、水产业等综合经营，并以种植业为主，提高土地产出率。其种植的某一项土地规模达到或超过种植产业规模标准的下限，其他产业经营达到相应土地规模标准下限的 50％以上。劳力、技术、设施、经营管理标准参照种植业和水产业的产业标准实施。

（4）循环农业型家庭农场

即以家庭为单位，已建成规模畜牧养殖农场，养殖范围在武汉市规划的外环线以外，距离村、镇居住点，集贸市场以及其他畜牧场、屠宰场 1km 以上，具备固定的场地、场房和厂区围墙、消毒池，方位朝向地势较好，功能分区明显，畜禽饲养、排污等配套设施齐全，动物疫病防控和抗灾能力较强。同时流转土地进行种植业生产，土地规模标准为种植业家庭农场某一产业的下限标准，并实行"畜禽—沼—种植"的循环农业模式。

湖北武汉家庭农场模式具有发展较快，分布地域广，经营类别多、规模适度，符合因地制宜、多方重视，培养了新型职业农民、逐步解决土地流转问题的特点。

5. 吉林延边模式

延边地处中朝边境，许多当地人常年在韩国、日本等邻国打工，当地务农人口迅速减少。由于大量青年劳动力出国打工，导致农村"空心化"比较严重，与之相应的是土地流转呈现加速趋势，农村土地经营权自发向种地大户集中。因此，自 2008 年起，延边州就在全州范围内探索"家庭农场"模式。为解决家庭农场的融资难题，从 2012 年起，延边州尝试开展土地收益保证贷款的融资模式，在不改变土地所有权性质和农业用途的前提下，农户自愿将部分土地承包经营权转让给政府成立的公益性平台公司，并与其签订经营转让合同，该公司再将土地转包给农民经营，并向金融机构出具共同偿还借款的承诺，金融机构按照统一的贷款利率，向农民提供贷款。与传统融资模式相比，该模式不仅简单易行、利率优惠，而且风险可控，服务也十分便利。

2011年至2014年，延边州金融机构利用抵押贷款、信用贷款、直补保贷款、他项权证贷款、担保贷款、农村土地收益保证贷款等，共为专业农场解决贷款资金3亿多元，有效地解决了专业农场的资金需求，促进了新型农业经营主体快速发展。

四、发展家庭农场的意义

改革开放40多年来，随着工业和城市的蓬勃发展，农村劳动力大规模转移，农村的经济社会结构已经发生了巨大的变化，我国农村社会整体上进入了一种"制度化的半工半耕的小农经济形态"。在这种背景下，农业生产的兼业化、老龄化、女性化趋势愈发严重。而家庭农场作为培养职业农民的重要途径，会在其发展过程中顺利实现代际传承和新老交替，从而有效破解我国未来农业经营主体的稳定性和持续性难题。发展家庭农场的意义日渐清晰，具体来说发展家庭农场的意义有以下几方面。

1. 提高农村经济整体水平

农业生产过程是自然物质再生产和社会经济再生产的综合过程。因此，很多将种植业与养殖业优化组合的种养结合家庭农场，不仅可提高农业生态系统的物质生产能力，而且可提高其经济生产水平，使系统的综合功能得到充分发挥。因此，种养结合家庭农场的发展可提高经济含量，同时也能够拓宽农村剩余劳动力的就业门路，缓解农村剩余劳动力过多的压力，从而改善农村经济状况。

2. 促进新技术、新产品的推广

家庭农场是现代农业的发展方向，是进一步加快农业发展、示范推广农业新科技、提高科技贡献率的有效途径。由于家庭农场经营者对于新技术、新产品等关注较多，可促进新技术、新产品的推广，此种生产经营模式可很好地利用科学技术，并将其转化为生产力促进市场健康发展，同时还能够促进农业机械化代替人工劳动力的进程。因农户经营农场的规模较小，而家庭农场的规模相对较大，可很好地利用农业机械代替人工劳动力，从而减少劳动力，促进机械化农业生产。

3. 减少风险，促进农民持续增收

家庭农场参加了农业保险，增强了抵御自然灾害的能力；有能力不断扩大种养殖规模，提高经济效益，增加示范效应。随着家庭农场的不断发展，其经营模式也会随之改变，即由单一的经营模式向多元化的经营模式转变，最后会向农业企业转变或加入农民专业合作社，提高抗风险能力。因此，要不断提高农业企业的科学管理水平，运用市场规则等有效办法促进农业经济发展。

4. 有利于实现标准化生产

家庭农场按有机农业标准化技术生产，应用安全放心农资，生产出的农产品有机、环保、吃得放心，有订单，不愁销路，种出的农产品能获得很好的经济效益。

5. 促进生态农业持续、稳定发展

特别是实行种养结合的模式后，调整种植业与养殖业的结构比例，充分合理地利用农业可再生与不可再生资源，对生产者（种植业）、消费者（养殖业）和分解者等生物种群进行合理调配，使农业系统中的食物链达到最佳优化状态，使系统的正负反馈和协调统一。种植业、养殖业的有机结合，实行农、林、水、草合理的农田布局，增加有机肥的投入量，实行有机与无机相结合，减少无机肥及农药的施用量，同时推动养殖业、种植业的发展，必将促进并推动以农副产品深加工为主的企业的发展，提高农村经济综合实力，形成种养加一体化的生态农业综合经营体系，大大提高农业生态系统的综合生产力水平。实行种植、养殖相结合并不断加强与完善，将不断提高农业生态系统的自我调节能力，最终达到"经济、生态、社会"效益三者的高度统一，有利于农业持续、稳定地发展。

课外项目

调研一种模式的家庭农场，了解其运营管理模式、效益情况、公益活动和文化建设情况。分析调研数据，写出调研报告。

项目二 成立家庭农场

一、家庭农场的认定标准

关于家庭农场的认定标准,不同地区稍有差异,但是,一般家庭农场的认定标准主要包括以下几方面:

① 家庭农场经营者应当具有农村户籍。

② 家庭农场年农业净收入为家庭总收入的主要来源。

③ 以家庭成员为主要劳动力。

④ 经营规模达到一定标准且相对集中和稳定,土地租期或承包期相对较长。不同地区、不同产业对土地面积有不同的要求,举例如下。

地方政策指引

山东省青州市:从事粮、棉、油等种植业的,应达到种植面积30亩以上;从事露天瓜菜、苗木、林果、花卉等种植业的,应达到种植面积20亩以上;从事设施农业的,应达到种植面积10亩以上;从事生猪养殖的,应达到能繁母猪存栏50头以上或育肥猪400头以上;从事肉禽养殖的,应达到存栏2万只以上;从事禽蛋养殖的,应达到存栏1万只以上;从事特种动物养殖的,应达到存栏500只以上;从事肉奶牛养殖的,应达到存栏50头以上;从事肉羊养殖的,应达到存栏500只以上;从事家兔养殖的,应达到存栏能繁母兔300只以上或商品兔3000只以上;从事蜂养殖的,应达到存栏100箱以上;从事淡水池塘(包括卤淡水)水产养殖的,应达到集中连片面积20亩以上。

河北保定:粮食等大宗农产品要求200亩以上;蔬菜瓜果等特色种植业要求50亩以上;养殖类要求生猪年出栏300头以上,肉鸡年出栏5000羽以上,蛋鸡年存栏10000羽以上,羊常年存栏300头以上,肉牛年出栏100头以上,水产养殖业要求集中连片养殖水面50亩以上。

⑤ 家庭农场取得市场监督管理部门注册的营业执照。

二、家庭农场的注册、登记

1. 家庭农场注册条件

① 必须是农村户籍或者具有农村土地承包经营权的自然人。

② 在经营范围上以农业种养殖为主，或种养结合，兼营相关研发、加工、销售以及农场休闲观光服务，就是带有旅游性质的家庭农场。

③ 经营场所一般是经营者的家庭住址或者种养殖所在的村庄地址。

2. 注册登记机关

家庭农场经营场所或者住所所在县、不设区的市市场监督管理局以及市辖区市场监督管理部门。

3. 登记的类型

可以选择登记为个体工商户、个人独资企业、合伙企业、有限公司等组织形式。

4. 登记的名称

家庭农场在申请的时候，对于名称使用的要求也较为严格，必须要做到符合规范，这样申请补贴或补助的时候才能审核通过。

(1) "行政区划＋字号＋家庭农场"或"行政区划＋字号＋行业＋家庭农场"形式

申请登记为个人独资企业类型的家庭农场，依据《个人独资企业法》及相关规定办理登记。个人独资企业家庭农场名称统一规范为"行政区划＋字号＋家庭农场"或"行政区划＋字号＋行业＋家庭农场"。

(2) "行政区划＋字号＋家庭农场（普通合伙或有限合伙）"或"行政区划＋字号＋行业＋家庭农场（普通合伙或有限合伙）"形式

申请登记为合伙企业类型的家庭农场，依据《合伙企业法》及相关规定办理登记。合伙企业家庭农场名称统一规范为"行政区划＋字号＋家庭农场（普通合伙或有限合伙）"或"行政区划＋字号＋行业＋家庭农场（普通合伙或有限合伙）"。

(3)"行政区划＋字号＋家庭农场＋有限（责任）公司"或"行政区划＋字号＋行业＋家庭农场＋有限（责任）公司"组织形式

申请登记为有限责任公司类型的家庭农场，依据《公司法》及相关规定办理登记。公司制家庭农场名称统一规范为"行政区划＋字号＋家庭农场＋有限（责任）公司"组织形式或"行政区划＋字号＋行业＋家庭农场＋有限（责任）公司"组织形式。

5. 准备申报材料

① 申报人身份证明原件及复印件。

② 认定申请及审批意见表。

③ 土地承包合同或经鉴定后的土地流转合同及公示材料（包括土地承包、流转等情况）。

④ 农场成员出资清单。

⑤ 农场发展规划或章程。

⑥ 其他需要出具的证明材料：

a. 土地流转以双方自愿为原则，并依法签订土地流转合同。

b. 土地经营规模：规模达到一定标准且相对集中和稳定，土地面积和规模要符合当地的要求。

c. 土地流转时间：10年以上，个别地区要求在5年以上。

d. 投入规模：投资总额（包括土地流转费、农机具投入等）要达到当地要求。

e. 有符合创办专业农场发展的规划或章程。

乡（镇）政府对辖区内成立专业农场的申报材料进行初审，初审合格后报县（市）农经部门复审。经复审通过的，报县（市）农业行政管理部门批准后，由县（市）农经部门认定其专业农场资格，做出批复，并推荐到县（市）市场监督管理部门注册登记。

6. 家庭农场申请流程

家庭农场由其经营场所或住所所在县（市、区）市场监督管理局负责登记，法律法规另有规定的从其规定。具体可参照当地的家庭农场登记管理办法。一般流程如下。

第一步：申请

符合家庭农场认定条件的农户向家庭农场经营地所在的村（社区）提

出申请,并填写和附带以下材料:家庭农场认定申请表、土地承包或土地流转相关证明文件的复印件、家庭农场经营者资格证明和户口本复印件、家庭农场固定从业人员身份证复印件。

第二步:初审

村(社区)对申报材料和申请农户进行初审,对符合条件的家庭农场,在《申请表》上签发意见。

第三步:复审

镇(街道)农村工作部门对申报材料进行复审,提出复审意见,并将材料报送市(县)、区农村工作部门。

第四步:认定

市(县)、区农村工作部门根据上报材料进行认定,对认定合格的家庭农场进行登记、建档,并颁发《家庭农场证书》。

第五步:备案

各市(县)、区农村工作部门对已经认定的家庭农场,报市级农村工作部门备案。

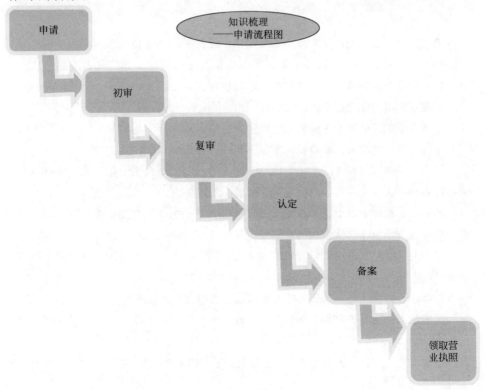

知识梳理
——申请流程图

申请 → 初审 → 复审 → 认定 → 备案 → 领取营业执照

家庭农场经营者，可以在设立、变更、注销登记后三十日内，向登记地农业（经管）部门备案。

所在乡镇农经站或者农村工作局递交以下资料，由农经站上报农业部门备案。

① 家庭农场简介；

② 户口簿、身份证复印件；

③ 营业执照；

④ 土地流转合同；

⑤ 银行基本户开户许可证。

> **知识拓展**
>
> ### 山东省家庭农场登记管理办法
>
> 《山东省家庭农场登记管理办法》是山东省工商行政管理局、山东省农业厅2016年9月14日发布的文件。
>
> 第一条　为支持、促进和引导家庭农场健康发展，规范我省家庭农场登记管理工作，依据有关法律法规和政策，制定本办法。
>
> 第二条　以家庭或家庭成员为主要投资、经营者，通过经营自有或租赁他人承包的耕地、林地、山地、滩涂、水域等，从事适度规模化、集约化、商品化农、林、牧、渔业生产经营的，可以依法登记为家庭农场。
>
> 家庭农场申请登记应符合以下条件：
>
> （一）以家庭成员为主要劳动力或生产经营者；
>
> （二）以农业收入为家庭收入主要来源；
>
> （三）经营规模相对稳定，土地承包或流转合同期限应在五年以上，土地经营规模达到当地农业（经管）部门规定的种植、养殖要求。
>
> 第三条　家庭农场登记申请人自愿选择组织形式，可以依法登记为个体工商户、个人独资企业、合伙企业、公司等。
>
> 第四条　家庭农场由其经营场所或住所所在县（市、区）工商行政管理（市场监督管理）局负责登记，法律、法规另有规定的从其规定。
>
> 工商行政管理（市场监督管理）所可以依法办理家庭农场登记。
>
> 第五条　家庭农场名称中应包含"家庭农场"字样，也可以登记为"家庭养殖场""家庭牧场"等。
>
> 以个体工商户、个人独资企业、合伙企业设立的家庭农场，名称应由行政区划、

字号、"家庭农场"依次组成，其中合伙企业应在名称后标注"普通合伙（或有限合伙）"字样。

以公司形式设立的家庭农场，名称由"行政区划、字号、家庭农场、有限公司（或股份有限公司）"四个部分依次组成。

"家庭农场"字样前可以另行使用行业表述用语，但应符合国民经济行业分类中有关农林牧渔业细分类别用语表述。

支持家庭农场以经营者姓名、自有商标作为字号。

第六条　家庭农场住所（经营场所）实行申报登记制，可以以经营者所在地家庭住址或种植、养殖地所在村（居）地址进行登记。

第七条　家庭农场经营范围可以核定为家庭农场经营，也可依申请按国民经济行业分类核定具体项目。

家庭农场主营农、林、牧、渔种植、养殖业，并可兼营相关研发、加工、销售或服务。

家庭农场从事工商登记前置审批事项目录中事项的，应经相关审批机关依法审批后，凭许可文件、证件向工商行政管理（市场监督管理）部门申请登记注册；从事工商登记前置审批事项目录外事项的，可直接向工商行政管理（市场监督管理）部门申请登记注册，其中涉及工商登记后置许可事项的，在取得相关部门审批前不得擅自从事相关经营活动。

第八条　家庭农场申请人可以以货币、实物、土地承包经营权、知识产权、股权、技术等出资，其出资形式、方式应符合其登记所依据的法律法规。

第九条　家庭农场申请设立、变更、注销等登记，应按国家工商行政管理总局不同登记类型提交材料规范要求，向登记机关提交登记材料。

家庭农场年报、公示、抽查等事项，按照相关法律、法规规定办理。

第十条　农业（经管）部门负责家庭农场的指导服务、备案管理及政策扶持等。家庭农场经营者，可以在设立、变更、注销登记后三十日内，向登记地农业（经管）部门备案。符合农业（经管）部门备案及认定标准的家庭农场，可以享受相应的扶持和优惠政策。

第十一条　家庭农场注册登记、备案不收取费用。

第十二条　家庭农场所属党员应积极参加党的活动，符合条件的要依据《中国共产党章程》的有关规定，建立党的基层组织，开展党的活动。鼓励家庭农场党组织"亮身份、亮职责、亮承诺"。相关部门要加强对家庭农场党建工作的指导。

第十三条　本办法由省工商局、省农业厅按照相关法律法规及政策规定负责解释。

第十四条　本办法自印发之日起施行，有效期至 2021 年 9 月 13 日。国家法律、法规政策对家庭农场另有规定的，从其规定。 2013 年 5 月 16 日山东省工商行政管理局、山东省农业厅印发的《山东省家庭农场登记试行办法》同时废止。

山东省家庭农场省级示范场认定管理暂行办法

1 定义和依据

1.1 家庭农场

是指以家庭为主投资和经营,以家庭成员为主要劳动力,以农业为主要收入来源,从事专业化(标准化)、集约化、规模化、商品化农业生产的新型经营主体。家庭农场保留了农户家庭经营的内核,坚持了家庭经营的基础性地位,是引领农业适度规模经营、发展现代农业的有生力量。

1.2 家庭农场省级示范场

是指经省农业厅会同省财政厅、省工商行政管理局等部门,按照相应标准、程序认定的具有示范带动作用的家庭农场。

1.3 认定依据

为支持、促进和引导家庭农场健康、较快发展,根据中共中央办公厅、国务院办公厅《关于引导农村土地经营权有序流转发展农业适度规模经营的意见》(中办发〔2014〕61号)、《关于加快构建政策体系培育新型农业经营主体的意见》(中办发〔2017〕38号)和省委办公厅、省政府办公厅《关于引导农村土地经营权有序流转发展农业适度规模经营的实施意见》(鲁办发〔2015〕20号)要求,制定山东省家庭农场省级示范场认定管理暂行办法。

2 基本要求

2.1 主体规范

完成工商登记一年以上,依法开展经营活动,无违法不良记录;未被工商行政管理(市场监管)部门列入异常名录或异常状态。

2.2 场所齐备

种植、养殖等产地环境良好,相对集中,布局合理,符合相关规定。经营土地规模相对稳定,租期或承包期在5年以上(含5年)。有必要的场房、场地和办公设备,有独立的银行账户,有醒目的家庭农场标识。

2.3 设施配套

有基本的生产配套设施和必要的生产机械。废弃物处理设施齐全,污染物排放达到环保要求。

2.4 从业人员素质较高

主要经营者接受过农业技能培训或新型职业农民培训,掌握所从事农业产业较先进的生产、管理技能,熟悉并能运用现代信息技术提高经营管理水平。

3 生产管理

3.1 生产组织标准化

按照国家、行业规定的质量标准和生产技术规程组织生产,标准化生产率达到100%。建立生产记录制度,实现产地准出、原产地可追溯。无生产或产品质量安全事故、行业通报批评、媒体曝光问题等不良记录。在省级农产品质量监测中,产品合格率100%。

3.2 生产过程机械化

通过自有设备或与农业社会化服务组织建立稳定的协作关系,基本实现主要生产环节机械化,生产手段达到该领域的先进水平。

3.3 主要产品品牌化

主要产品通过无公害农产品、绿色食品、有机农产品或农产品地理标志认证。所销售产品实行品牌化经营,鼓励拥有注册商标。

3.4 产品销售订单化

市场营销手段和方法便捷有效,纳入了农商、农超、农社对接等营销网络,产品销售渠道稳定,基本实现了生产与销售订单化。

4 生产规模

4.1 种植业

从事大田种植的,粮食作物种植面积100~500亩(果树、茶叶、观光园、采摘园在100亩左右);从事设施种植的,连片面积在50亩以上。

4.2 畜牧业

生猪年出栏达到500头以上,或能繁母猪30头以上;羊年出栏达到500只以上,或能繁母羊50只以上;肉牛年出栏达到100头以上,或能繁母牛20头以上,奶牛年存栏50头以上;肉禽年出栏10万羽以上,蛋禽年存栏1万羽以上;兔年出栏1.5万只以上,或存栏母兔500只以上;貂狐貉等特种养殖年出栏1500只以上,或存栏母畜500只以上;蜂100箱以上;其他特色养殖的,年收入20万元以上。

4.3 种养结合

主要产业规模达到上述标准下限的70%以上。

5 生产效益

5.1 经济效益好

亩均产量高于本县(市、区)平均产量10%以上,或年人均纯收入高于本县(市、区)农民人均纯收入30%以上。

5.2 带动能力强

在科技运用、农业装备、生产技能、经营模式、管理水平等方面对周边农户具有较强的示范效应,并带动当地农民增收。

5.3 生态效益好

按照绿色生态、循环高效的原则开展生产经营活动，生产过程严格按标准使用农业投入品，规范使用化肥、农药，农业资源利用率高，农业废弃物实行无害化处理，农业生态环境良好，农业可持续发展能力强。

6 认定程序

6.1 组织申报

省农业厅会同省财政厅、省工商行政管理局根据各市家庭农场工商注册登记数量、规范化建设水平等因素，将申报数量和要求下达到市。各市根据本市家庭农场发展情况，下达申报限额到县（市、区）。各县（市、区）本着家庭农场自愿申报的原则，择优推荐上报。市农业局（农委）会同市财政局、工商行政管理局对县（市、区）上报材料审核后报送省农业厅。

6.2 申报材料

6.2.1 初审文件

市农业局（农委）会同市财政局、工商行政管理局通过正式文件推荐省级家庭农场示范场，同时报送省级家庭农场示范场申报材料。

6.2.2 省级家庭农场示范场申报材料

申请省级家庭农场示范场应制作《省级家庭农场示范场申报书》，封面应列明申报示范场的家庭农场名称、经营范围、家庭农场主姓名、联系电话（手机）、申报时间等。

申报书内容主要包括：家庭农场基本情况，主要经营范围及经营收入，土地流转情况及流转合同复印件，家庭农场工商登记证、税务登记证或"多证合一"的营业执照等复印件，主要产品商标注册及订单销售情况，经营场所及经营过程相关图片，带领农户增收或帮扶贫困户脱贫情况，农场健康发展的其他情况，从事特殊种养业的家庭农场，应提供特殊行业从业许可凭证复印件。

6.3 评审认定

省农业厅会同省财政厅、省工商行政管理局等部门委托第三方对各市推荐上报的省级示范场申报材料进行审核和实地勘验，确定省级示范场入选名单。省级示范场入选名单，在省级相关媒体上公示，10个工作日无异议，由省农业厅、省财政厅、省工商行政管理局发文公布并授予统一编号的证书。

7 监测管理

7.1 监测管理程序

省级家庭农场示范场实行择优汰劣、动态监测管理。县级农业行政主管部门会同财政、工商等部门对辖区内省级家庭农场示范场进行抽查监测，并逐级上报省农业厅。省农业厅会同省财政厅、省工商行政管理局审核。

7.2 监测管理标准

7.2.1 取消认定资格

家庭农场在申报和评审过程中提供虚假材料或存在舞弊行为等,取消示范场认定资格,2年内不得再申报。

7.2.2 撤销省级示范场称号

出现下列情况之一,撤销省级示范场称号:违反生产经营有关法律法规政策、存在违法违纪行为;发生重大生产安全事故和质量安全事故;出现资不抵债破产或被兼并;省级示范场认定的基本要求、生产条件、生产规模、生产效益其中一项达不到要求等。取消省级示范场称号的家庭农场2年内不得再次申报省级示范场。

7.2.3 变更名称

省级示范场变更名称,应当在登记机关核准变更之日起30个工作日内,出具注册登记后的营业执照或复印件等变更材料,逐级上报,省农业厅会同省财政厅、省工商行政管理局审核,换发证书。

8 附则

8.1 本办法由山东省农业厅负责解释。

8.2 本办法自发布之日起施行。

项目三 管理家庭农场

管理家庭农场就是对家庭农场的经济活动进行规划布局、组织指挥、调节监督、检查等,也就是把劳动者、劳动手段和劳动对象科学地组织起来进行生产,以取得最佳的经济效益。

一、家庭农场的规划布局

现在的家庭农场,多数是投资者自己决策、自行管理,但是又没有很好地提前做出规划和布局,边想边干,结果可能在偏倚的道路上越陷越深,最后只能以失败告终。其主要原因是从定位到规划、设计、建设等环节出了问题。

一些地区，在经营家庭农场的主体下，还可以根据自身特点兼顾发展休闲农场，以强化居住度假为核心的多元功能表达，营造农产品与文化相融合的特色主题，形成整体生态优化的乡村环境氛围。具体的规划设计可以按以下原则进行。

1. 自然性原则

农场若具备良好的地形条件，要求农场的规划设计要尽量保留当地自然特色，充分利用原有的资源和地形地貌，挖掘原有地形优势，尊重地方人文文化，结合当地土特产的开发，因地制宜地进行规划，减少基础性投资。不应大兴土木，若无绝对必要就不改变原貌或增加建筑物。

若农场原始地貌为耕地或荒地，竖向上没有起伏变化，可以通过曲折的道路，合理放置的果树林、苗圃地来形成空间上的开合，以弥补竖向地形上的平淡。

如果农场中有天然的面积足够大的湖泊资源，可以开展一些水上活动项目；若农场具备点状水体，可以结合传统农业中的灌溉工具，设置一些反映农业文化特色的景观小品，如古代灌溉用的水车、打水用的水井等，增加历史文化趣味；还可以利用天然的河流、小溪等线状水体开展赏景垂钓等一系列水上活动。

2. 生态性原则

生态问题已经成为当前家庭农场规划设计中的一个重要问题，在设计过程中，生态环保主要体现在人与自然的亲和方面。这就要求全面贯彻自然生态思想，注意保护原有的生态环境和生物多样性，发展生态农业、循环农业，尽量减少化肥和农药的使用，生产绿色无公害食品，并控制和防治农业环境污染，促进生态良性循环。

3. 乡土文化展示原则

以农业生产经营为特色，把农业和旅游业紧密结合在一起，可以充分挖掘当地农业文化和民俗文化的内涵，以文化来支撑旅游脉络，要与广博的乡村饮食文化相结合，与厚重的乡土文化相结合，以提升农场旅游产品的文化品位，吸引消费者前来观赏、品尝、购物、劳作、体验、休闲、度假。

4. 突出特色的原则

农场的持续发展,离不开特色。愈有特色其竞争力和发展潜力就会愈强,因而规划设计要与休闲观光采摘园的实际相结合,明确资源特色,选准突破口,使整个农场的特色更加鲜明。

5. 参与性原则

亲身直接参与体验、自娱自乐已成为当前的旅游时尚。城市观光采摘者只有广泛参与到休闲果园生产、生活的方方面面,才能更多层面地体验到果品采摘及农村生活的情趣,才能使观光采摘者享受到原汁原味的乡村文化氛围。同时,可以开发相应的休闲娱乐项目,体验乡间乐趣,吸引更多的游客来进行旅游体验,给游客创造值得回忆的体验。

二、家庭农场的经营模式与经营定位

家庭农场经营是指家庭农场从本身所处的内外环境条件出发,围绕自身发展需要和利润最大化目标,在相关法律法规范围内所从事的有目的的经济活动。家庭农场经营定位策略应从以下几方面入手。

1. 家庭农场经营模式的选择

(1) 种植类家庭农场模式

① 类型　种植类家庭农场是以种植各种农作物为主的家庭农场,根据种植的类型不同分为作物种植和园林种植。作物种植的产业可以是粮食作物、食用菌类、经济作物或其他特种作物;园林种植的产业可以是蔬菜种植、水果种植、茶叶种植、林业种植及花卉种植等。

② 特点　作物种植产业的家庭农场一般具备规模较大、专业化和机械化水平高、保质期相对较长、市场风险小、价格稳定、国家政策扶持力度较大等特点。园林种植产业的家庭农场一般规模相对较小、投入成本较大、技术要求高、用工多、机械化程度相对较低,但是可以采用设施栽培,附加值高,收益相对高。然而,由于园艺类产品常常受市场供求关系不平衡的影响,价格易发生较大波动,导致市场风险大、价格不稳定,需要有大数据的支撑,具备一定的市场行情分析和预测能力,有些园艺类的产品不耐储藏,保质期短,需要提前寻找销售市场。

案例

山东省金乡县某镇所产的金谷自古便被盛誉为国内四大名米之首。某镇程李庄村北的马坡地块是金谷的发源地。马坡金谷因独特的水土品质（国家稀少的褐土化潮土）及优良的生长条件（该地日照充足，夏秋多雨，年平均气温12~14℃，7月份最高气温平均23~27℃，年降水量在600~850mm，是典型的弱碱性土壤），形成了该米色泽金黄、质黏味香、悬而不浮、入口爽滑、能多次凝结米油层（俗称"能挑七层皮"，米油营养极为丰富，有"代参汤"之美称）的特点，历史上被称为"十三怪"之一。马坡金谷米是绿色健康食品，食用安全、可靠。现在当地成立了合作社及家庭农场，注册了商标，实行统一管理、统一收购、统一销售，销售价格要比普通小米的价格高出50%以上，大大提高了马坡金谷米的附加值。

案例解析

金乡县某镇，利用特有的地理优势，成立作物种植类的家庭农场，注册地理商标，增加了马坡金谷小米的附加值，从而提升其自身价值，提高家庭农场的收入。

（2）养殖类家庭农场模式

① 类型　养殖类家庭农场是指以养殖畜、禽、水产等为主的家庭农场。根据养殖场所的不同可以分为畜禽养殖和水产养殖。

② 特点　第一，前期资金投入较大，不管是畜禽养殖还是水产养殖，首先要寻找土地，建设现代化的养殖场所，购买幼崽或鱼苗以及养殖用具。第二，风险较大，养殖类家庭农场的疫病防治是关键，尤其畜禽类的动物，容易患疾病，要及时发现并进行有效治疗，如不及时医治，一旦发展成为疫情将难以控制，为养殖户带来巨大损失，因此防疫一定要及时到位，不能有丝毫马虎。第三，生产污染相对严重，尤其近几年环境保护要求严格，很多不规范的家畜和家禽养殖场被迫关闭，因此要提前购置相应的废弃物和污水处理设施，或采取其他有效的环境保护措施，确保环境不被污染。第四，市场风险相对较大，养殖业受市场价格的影响，波动较大，因此应随时关注市场价格，进行市场行情的预测与分析，适度调整养殖规模，不宜随意扩大养殖规模；同时又要有坚定的毅力，尽量减少市场价格波动带来的损失，也可以加入保险，把风险进行转移。

案例　四川开江县鸿发家庭农场——打造生态养殖模式 示范引领一方产业

鸿发家庭农场位于四川省开江县广福镇夏家庙村。农场主方某是一个立志扎根乡村、改变乡村、发展乡村的 90 后年轻人，2012 年逐步继承父业，开展生猪养殖，2013 年 11 月登记成立家庭农场，主要经营生猪、家禽养殖销售，生姜种植及销售。成立当年，农场出栏商品猪 800 多头，利润达到 16 万元。目前，农场建有生猪标准化养殖场 1 个，建成标准化生猪养殖圈舍 6000 平方米，占地 49.8 亩，家庭成员 5 人，长期雇工 2 人，存栏生猪共 3640 头。该家庭农场 2017 年被评为四川省畜禽标准化示范场，2018 年被评定为四川省省级示范家庭农场。2018 年，家庭农场出栏商品猪 3876 头，实现经营收入 781.48 万元，实现净利润 85.72 余万元，辐射带动广福镇 3 个村共 43 户贫困户实现脱贫致富。

通过开展高标准生猪养殖，推升养殖技术，推行"绿色、生态、安全"发展：根据市场需求，推行产业经营，多维度发挥示范带动作用，带动适度规模养殖户共同发展；鸿发家庭农场通过建立完善疾病防控、消毒管理、饲养管理等管理制度，并按照家庭成员的岗位职责，明确工作目标任务，不断健全规章制度，提高家庭农场管理水平。家庭农场把产业发展与精准扶贫工作有机结合起来，吸纳精准识别贫困户小额贷款入股，与精准识别贫困户签订入股分红协议，对贫困户入股采取"保底分红"模式，积极参与脱贫攻坚，造福乡村农民。

目前，农场正和周边散养户协商，计划筹建生猪养殖专业合作社，注册"鸿发猪业"商标，按照"合作社＋基地＋农户"的产业模式，推进统一品种、统一饲料、统一用药、统一防疫、统一销售"五个统一"，形成基地规模经营与农户分散养殖相结合的方式，建立"鸿发生猪产业化联合体"，抱团发展，共闯市场。（案例来源：中华人民共和国农业农村部）

案例解读

鸿发家庭农场主通过开展标准化规模养殖，与其他规模养殖户联动发展，取得了良好的经济社会效益。与其他规模养殖户相比，鸿发家庭农场具有独特的内在特质。一是重视和追求技术进步。家庭农场主对技术更加敏感，会尽可能追求技术进步带来的生产效率最大化、经营效益最大化。比如，鸿发家庭农场对先进饲料配方、畜禽粪污无害化治理等技术的需求更加强烈，具有自发采用生态养殖技术的内生动力。二是市场化导向意识突出。家庭农场更加重视市场，与市场的互动和对接更加充分。比如，鸿发家庭农场坚持以销定产，不断调整养殖结构，采用更加科学合理的营销手段进行销售。三是合作倾向更为强烈。鸿发家庭农场不仅通过养殖技术推广、市场信息传递共享等方式带动其他规模养殖户的发展，积极吸纳43户贫困户入股，而且还打算与周边农户一起牵头成立合作社，体现出明显的合作倾向。可见，在一定的发展条件下，家庭农场有可能成为当地各类经营主体协同发展的发动者和参与者，在促进农业农村优先发展中发挥更大的作用。

(3) 种养结合类家庭农场模式

① 类型　种养结合类的家庭农场类型较多，可根据农场具体情况自由组合，大致分以下几种。一是粮食作物种植与畜禽养殖相结合，一方面实现畜禽粪便资源化、生态化利用，改善农村生态环境，增加农场收入，另一方面粮食可供畜禽的饲料需求，减少饲养费用的支出。二是园林作物种植与畜禽养殖相结合。可以将蔬菜种植与家畜养殖相结合，也可以采取林下养殖，从而减少农业化肥农药的使用，生产绿色无公害的水果或蔬菜，减少环境污染，增加农场收益。三是粮食作物与水产养殖结合。这种类型典型的方式是稻田养殖，尤其近年来随着小龙虾市场的爆棚，稻虾共生应运而生，稻鱼共生、稻蟹共生、稻鸭共生等传统模式也很典型，养殖和种植相互依赖，相互作用，形成一种复合型高效农业生产模式，提升产品质量，增加经济效益。

② 特点　一是经济效益较高，种养结合可以充分利用各种资源，采取生态种养的方法提高动植物的品质以及抗病性、抗逆性，利于增加产量，节约成本，提高效益。二是生态效益显著，由于种养结合的循环模式，一方面植物的秸秆可以作畜禽的饲料，另一方面畜禽的粪便可以作为作物的有机肥料，这样的循环利用既减轻了环境污染，又能变废为宝重复利用，改善土壤和农村的生态生存环境。三是农产品品质好，种养结合减少了农药化肥的使用，减轻了农村大环境的污染，提高了农产品的品质，提升产品价格，增加农场收益。四是抗风险能力增强，实行种养结合，家庭农场可以跨越种养两个行业，增强市场竞争力，降低市场风险。五是农场主自身要求提高，种养结合要求农场主农业知识全面，同时还能把二者合理利用，起到增产增效增收的效果，因此农场主要有足够的精力合理管理种养两方面。

> **案例**　上海松江区李某风家庭农场——"三位一体"集约发展，破解"谁来种地"难题

李某风家庭农场位于上海市松江区泖港镇腰泾村，创办于2008年，现有

经营面积430亩，是集品牌稻米绿色生产、生猪饲养和现代农机服务"三位一体"的集约型家庭农场。农场主原来在松江工业区一家合资企业工作，2008年，他弃工从农，开始经营117亩粮食家庭农场。2011年，探索"种粮＋养猪"相结合的经营模式，发展种养结合生态循环家庭农场。2013年，组建农机互助点。2015年，创办上海万群粮食专业合作社。2016年，注册"李某风"牌大米商标。2019年，家庭农场大米产品被中国绿色食品发展中心认证为绿色食品A级。农场大米年总产量在2.4万公斤（1公斤＝1kg），净收入约40万元；生猪总出栏1500余头，净收入约12万元；提供农机服务净收入约5万元，真正走上了规模化、机械化、科技化的现代农民致富之路。

李某风家庭农场秉承的规模化经营、种养结合、大力发展循环农业、延伸产业链条、打造品牌产品、开展社会化服务进行节本创收的理念取得了显著成效。该农场实行种养结合，大力发展循环农业。2011年，农场主李某风申报了种养结合家庭农场建设。开展生猪养殖，利于种养结合，可实现生态循环效果：养猪粪尿还田利用后，化肥施用量减少了30%，长期实践下来，土壤质量越变越好，土壤耕作层加厚了3~5cm。但一座猪场的还田量对应约百亩田，并不能覆盖所有承包田块。因此，李某风还在种植绿肥、深翻上下功夫。每年秋收后，按照二麦、绿肥、深翻各三分之一的茬口布局轮作，从而保障在休耕能力有限的情况下，能深翻晒垡、休养土地。从2015年开始，李某风率先取消了二麦种植，冬闲时节全部用来种绿肥或深翻，"冬闲"并不闲。除了红花草，他还尝试种小青菜、油菜、蚕豆……种绿肥的门道有很多，不同的品种对土壤改良的收效不一样，水稻收割期不同，绿肥的长势也不同。李某风通过实践探索，不断寻找提升土壤质量的养地诀窍。

经营家庭农场11年，其适度规模经营已经逐渐从探索走向成熟。"未来，自己的家庭农场要走的路是小而精"。在耕作土地有限的情况下，农场将进一步提升亩产附加值，让产品向着精品、优质方向发展。（案例来源：中华人民共和国农业农村部）

案例解读

李某风家庭农场通过种养结合，大力发展循环农业达到节本增效。李某风也通过种养结合，实行养猪粪尿还田利用，使化肥施用量减少了30%，提升了稻米的品质；且注重养地，通过种植绿肥、深翻等提升土壤质量，农场生产的大米顺利被中国绿色食品发展中心认证为绿色食品A级。

（4）休闲观光类家庭农场模式

农业现代化经营方式中的"家庭农场"，已不再是一个单纯的粮食购销合同的供给方，它同时也是一个需求方。"家庭农场"有条件将生产经营链条拉长，逐渐形成植物链、动物链、加工链、生态链的不断转换。因此，依靠农业科技、机械化、规模化、集约化、产业化等方式，提高和增加农业生产经营过程中的附加值，延伸经营链条应该是主流。但由于当前正在务农的农民年龄普遍偏大，对于他们而言，接受新理念、学会新技术过程比较缓慢。

因此，在一些不太适合大农业生产的地方，或许依靠优美的乡村自然景观和观光体验农业，把城市居民的参与、体验、休闲、尝鲜结合进来，发展休闲农业和乡村旅游的方式以及相对规模化、集约化的现代农业经营方式，更容易推广。

① 要树立农游合一、销售绿色的经营理念

增强参与性和知识趣味性，以便吸引更多的游客，比如亲手收获绿色农产品、亲自喂养活泼可爱的小动物、亲自垂钓并现场做食物等。要努力挖掘自身特色，打造精品，增强参与性和知识趣味性，增加农场旅游的吸引力；同时要注重"销售绿色"。

② 在农场营造生态、文化环境，让顾客能参与其中，体验内容

让生态体验和文化体验紧密结合，以满足顾客远离原生态的自然环境后产生的越来越渴望亲近自然的诉求。家庭农场需营造良好家庭农场文化，要充分挖掘当地文化，将文化融合灌输到具体项目中，项目的规划与农村教育相结合，增加农场休闲体验的科技含量和知识含量；与厚重独特的乡土文化相结合；与差异化的地脉和人脉相结合。

③ 全员培训，农场文化理念传播

针对实际情况，加强对从业人员的培训，以规范的服务来引导和促进农场休闲体验活动的开展；充分挖掘和总结地方风土人情及农场的风俗文化，并加强对农场从业人员在这方面的培训，使农场活动与农场的民俗风情和乡土文化实现有机结合，提高农场的文化品位和服务档次。

④ 搞好配套设施建设，营造良好休闲体验大环境

从交通入手，提高农庄的通达性，指出周末和节假日到农场的交通线路，并将农场周边的景区及特色农场进行标注介绍，为顾客出游提供方

便；从服务条件入手，创建舒适、亲切、自然的服务环境；从整体入手，加强治安和卫生管理，提高从业人员的综合素质，营造山美、水美、人更美的农场旅游大环境。

同时建议经营者在选择项目时多关注政策的变化，尽量选择受政策扶持的项目，这样容易得到更多的资金和技术方面的支持。

2. 准确的市场定位

在今天，同类产品的品牌繁多，消费者如何选择？消费者购买的理由是什么？这就需要企业进行有效的市场定位来解决。市场定位在企业营销中的作用很大，对于家庭农场来说，主要表现在以下几方面。

（1）客户定位

要确定目标顾客群。在市场定位的前提下，要让目标客户群突出显现，首先是要在地理位置上确定展开销售的区域；其次要确定预想的客户群的人文特点；再次是要描述客户群的内在心理特点；最后，还要描述客户的外在行为特征。只有这样，才能做到准确的市场定位。

（2）产品定位

农产品的市场定位是农业经营者通过为自己的产品创造鲜明的特色和个性，从而在顾客心目中塑造出独特的形象和位置来实现的。这种特色和形象可以通过产品实体方面体现出来，也可以从消费者心理方面反映出来，还可以从价格水平、品牌、质量、档次、技术先进性等方面表现出来。

（3）渠道定位

家庭农场发展的关键是销售，销售的关键是销售渠道的畅通。改革开放四十多年来，特别是农村开始实行产业化发展以来，在农产品销售过程中出现了多种不同形式并且适应性强的销售渠道。目前，在农产品总量供大于求，许多地区出现农产品销售难的情况下，对农产品销售渠道进行分析研究，对其存在的问题进行深入探讨，找出合适有效的办法提高销售渠道的销售能力，对于解决农民及其他各销售主体的燃眉之急、增加农民收入、促进农村产业化发展都有极其重要的现实意义。现在常见的销售渠道主要有专业市场销售、销售公司销售、合作组织销售、农户直接销售、互联网销售等。

(4) 价格定位

农产品定价是影响市场需求和购买行为的重要因素之一,直接关系到农产品生产经营者的收益水平。农产品价格制定得恰当,会促进农产品的销售,提高农产品生产经营者的盈利,反之,会制约需求,降低收益。因此,农产品定价是农产品市场营销活动的重要组成部分。农产品定价要依据产品成本、市场需求及竞争状况来考虑,不能盲目定价。

三、家庭农场的资源管理

家庭农场各种资源是直接或间接地为家庭农场经济服务活动提供生产力的一些要素,包括有形资源和无形资源两类。有形资源包括土地、物资设备和劳动力,无形资源包括信息和技术。土地是家庭农场最基本的生产要素,物质和设备是家庭农场生产经营活动的基础,人力是家庭农场财富的创造者,技术是今天家庭农场获得竞争优势的有力助手,信息是家庭农场的生存之本。

1. 土地资源管理

土地是家庭农场最重要的资源,是农业生产活动不可替代的生产要素,是"财富之母",可以生产出家庭农场需要的植物产品和动物产品,为农场生产提供经营活动的场所,为植物的生长输送所必需的养分。

(1) 土地资源的特点

家庭农场的土地资源存在以下特点。一是数量的有限性,我国虽然幅员辽阔,但是可利用的土地资源并不是无限的,后备土地资源不足。二是位置的固定性。土地不同于其他生产资料,可以不断变化位置或搬迁,土地的位置相对固定,具有不可移动性。三是区位存在差异性。不同的地块所处的地形、地貌存在差异,气候、土壤质地等存在着较大的差异。有山地、高原、丘陵、盆地、平原等各类地形交错分布;同时还有沙漠、戈壁、石质裸岩、冰川、永久积雪;有涝洼地、盐碱地;有肥沃的、有贫瘠的;有林地、草地、农耕地,水产地;有的适宜水稻,有的适宜茶树,有的适宜小麦等等。四是利用具有可持续性。土地在利用的过程中,通过施肥、灌溉、耕作、作物轮作等措施,可以不断地得到恢复和补充,从而使土壤肥力处于一种周而复始的动态平衡之中。土地只要合理利用,用养结合，地力不仅不会下降，反而会有所提高。但是，如果利用不当，土地会出现沙化、盐渍化、肥力衰退等问题。

（2）土地资源管理的原则

家庭农场土地资源管理应保证其最终目的，即最大限度地提高土地资源利用率和产出率，应遵循以下原则。一是合理利用、保护、改良土地的原则。这是提高土地生产力，改善土地生态环境的关键。一方面，要严禁盲目毁林开荒、围湖造田等短期行为，做到生态效益、经济效益、社会效益的统一；另一方面，要采取有效措施，合理利用、保护、改良土地，增加对土地的投入，加强对土地的经营管理，避免掠夺式经营，防止土地资源退化。二是重视土地的权属管理原则。一般说来，家庭农场及其他经营单位，首先，必须承认农民集体对土地的所有权，尊重和维护他们的利益，尊重他们对土地经营的要求；其次，要坚持维护自身的土地承包权、使用权，实现自主经营，获取自身应得的利益。农民集体组织，则应尊重和保证企业或其他经营者的承包权、使用权，以稳定土地经营顺利有效地进行。三是因地制宜原则。由于土地质量的差异性，家庭农场的生产经营活动必须从自身条件出发，结合土地的自然经济状况，因地制宜地利用土地，宜农则农、宜林则林、宜牧则牧、宜渔则渔，遵循"绿水青山就是金山银山"的用地规则。

2. 人力资源管理

人力资源是指家庭农场所拥有的劳动力数量和质量。人力资源的管理是指通过一定的手段，调动人的积极性、发挥人的创造力，将人力资源的潜能转变为财富的活动的一个总称。家庭农场的人力资源特点：具有一定的能动性和潜力可开发性，而且还具有相对的时效性。家庭农场目前人力资源存在的问题是大多受教育程度低，不具备一定的技能，自主择业意识不强，"等、靠、要"思想严重，就业要求不切合实际，本土观念重，主要从事体力型劳动；而对于雇工来说，存在招工难、来源不稳定，劳动力成本大幅度上升，雇工的素质较低，用工形式和劳动关系更为复杂，工作和休息时间等劳动规定不明确，执行比较随意，社会保障问题较为突出等问题。

家庭农场在人力资源管理上主要分为两方面：一是对家庭农场劳动成员的管理，二是对除家庭农场成员外的雇佣人员的管理。家庭农场的劳动成员主要是家庭成员，一般在农忙季节会有少量的季节性雇工。因此，家庭农场的人力管理更多强调的是对家庭农场劳动成员的管理。

（1）家庭农场劳动成员的管理

家庭农场劳动成员通常具有较为丰富的农业生产技术知识，但是由于受教育程度普遍较低，很难掌握当前最新的信息和技术，这就要求家庭农场劳动成员不断提升自身知识文化素质、农业生产技能和经营管理能力。

① 提高家庭农场劳动成员知识文化素质的途径。一方面通过各级农业职业院校、农业广播电视学校、农民函授大学，以及2019年农业农村部办公厅、教育部办公厅发布的高职扩招培养高素质农民的"百万高素质农民学历提升行动计划"，对农场劳动成员进行文化科技教育，使其能够掌握先进的农业专业技术知识。另一方面通过各级地方政府定期举办农业专业知识下乡活动，为家庭农场劳动成员获得相对前沿和实用的农业专业知识和技术提供便利。

② 农业生产技能的提高。一方面要通过生产经营过程中的教、带、帮、扶，在生产经营实践中培养生产经营能手，让家庭农场所有成员的农业生产技能不断得到提升；另一方面通过各部门举办的"绿色证书"培训班、"阳光工程"培训班、"新型职业农民"培训班、"持证上岗"培训班等，使得家庭农场劳动成员能够掌握一至两门实用技术，成为"科技型"农民，如获得农机操作资格证书、植保工资格证书等。

③ 经营管理能力的提高。家庭农场的经营管理能力包括生产过程的组织能力、市场开拓能力、产品营销能力、电子商务能力。在信息化的时代，随着电子商务技术的迅猛发展，销售模式和理念获得了前所未有的突破和创新，越来越多的农民希望通过电子商务平台销售农产品。因此提高家庭农场经营管理能力主要通过以下几种途径：一方面可以鼓励和支持农场经营者参加政府及有关部门举办的经营管理知识、政策法规及市场经济知识培训班，提高农业劳动力的市场经济意识和经营管理水平；另一方面通过高校、行业协会的帮助，使农场经营者掌握电子商务技术，能够建立简单的网络销售平台，如江苏省句容市农委与江苏农林职业技术学院共同推行的"电子商务进村入户"工程，百名大学生深入农村，为农民提供电子商务的专业知识，帮助他们构建电子商务销售平台；当然家庭农场劳动成员还可以通过图书馆、互联网等途径进行自学，学习与其经营家庭农场

实际相关的管理知识。

（2）雇工人员的管理

家庭农场的生产经营者主要是家庭成员，但是在农忙季节可以有少量的季节性雇工，也可以有不多于家庭成员的少量长期雇工。而且家庭农场规模越大，雇工人员就会越多。因此，加强雇工管理也是家庭农场人力资源管理的一个重要方面。对于雇工人员的管理要遵循以下原则：一是要依法雇佣，按照劳动法的规定，与雇佣人员签订劳动合同，明确双方的权利义务，缴纳工伤保险。二是进行劳动力成本核算，包括工资、薪金、各种福利、技术培训、社会保障等。三是要进行生产培训和安全教育，尤其是机械化作业人员的安全培训。实际作业前要进行生产要求的培训，让他们充分了解所从事工作的流程和注意事项，如果工作中存在安全隐患和危险作业，应先进行人员的安全教育，以防患于未然。

3. 信息技术资源管理

目前的家庭农场不再是传统的农业生产，能否使家庭农场成为家庭收入的主要来源，其中的信息和技术非常关键。

（1）技术资源方面

未来家庭农场不仅仅要懂技术，还要进行科研开发和技术改造，产研结合，创新机制，这样才能逐步实现集约化和可持续化发展。因此，要时刻关注农业方面各项新的技术，同时又要快速应用新技术，并结合实际对技术进行创新，使其适合自身的家庭农场。

（2）信息资源方面

随着社会经济和信息的发展，信息在社会经济中的地位越来越重要，信息资源的管理同样会引起家庭农场的关注。家庭农场信息管理是指利用现代信息技术，对家庭农场生产经营过程中各环节涉及的信息进行收集、整理、分析，并提供可利用的信息的过程，其目的在于为改进家庭农场经营管理提供咨询服务，为家庭农场的经营管理提供决策依据。

① 生产的信息化。生产的信息化包括农业基础设施装备信息化和农业技术操作全面自动化。农业基础设施装备信息化主要利用在：农田灌溉工程中、水系抽水和沟渠灌溉排水的时间、流量，化肥的使用全部通过信息自动传输和计算机自动控制，实现水肥一体化管理；农产品的仓储内部因

素变化的监测、调节和控制完全使用计算机信息系统运行；畜禽棚舍饲养环境的测控和操作完全可以实行自控或遥控。

农业技术操作全面自动化主要利用在以下方面：一是农作物栽培管理的自动化。如农作物施肥，可以在田间设置自动养分测试仪或设置各种探针定时获取数据在室内自动测定，通过计算机分析数据，确定施肥时间、施肥量、施肥方法，使用田间遥控自动施肥机具或与灌溉水结合实现自动施肥。智能化温室内的温度、水分、光照、二氧化碳含量等均可以通过探针探测设定。二是农作物病虫防治信息化和自控。在田间设置监测信息系统，通过信息网发出预测预报，利用计算机模型分析，确定防治时间和方法，采用自控机具或生物防治方法或综合防治方法对病虫害实行有效控制。三是畜禽饲养管理的信息化和自动化。可以通过埋置于家畜体内的微型电脑及时发出家畜新陈代谢状况，通过计算机模拟运算，判断家畜对于饲养条件的要求，及时自动输送饲喂配方饲料，实现科学饲养。

农业物联网的应用为农业信息化的发展提供了更高的档次和更多的便利，同时为发展精准化农业提供了技术支持。尤其近年来智能温室的发展，使一些高附加值的蔬菜等，利用信息化进行了精准化的种植，将农业逐步带入了数字和信息化，并进一步向现代化的农业发展。

② 管理的信息化。管理的信息化可以提高农业管理者的生产管理效率，一方面通过信息的搜集和应用，农场经营者能够获得先进的、成功的农场管理经验，提升农场的管理水平；通过对消费者意见的反馈收集，能够明确今后农产品的经营方向。另一方面可以建立质量安全可追溯体系，利用RFD无线射频技术，针对农产品从生长到销售各环节的农产品质量安全数据进行及时采集上传，为消费者提供及时的农产品质量安全追溯查询服务，为农牧部门提供有效的农产品质量安全监督管理机制和手段。

③ 销售的信息化。信息化促进了家庭农场电子商务的发展，为家庭农场销售农产品提供了更加广阔的平台。淘宝、微信、各地农产品贸易平台均为家庭农场的产品销售拓宽了销售渠道。

信息化管理在给家庭农场带来便利的同时，也要注意以下几个问题。一是要确保信息的准确性，学会在每天接触到的大量信息中辨别真假，筛选出与自身家庭农场生产经营相关的有用信息。二是要确保信息的及时性。信息能够迅速直接地传递，有时候是决定成败的关键。如果家庭农场对于市场的需求信息把握不及时，种植已经滞销或是市场已经完全饱和的农产品，那么其发展前景必然是不乐观的。三是保证信息的全面性。信息只有全面、完整，家庭农场才能把握事物的整体和发展过程，才可能着眼全局，为家庭农场未来的发展做出规划。

四、家庭农场的销售管理

家庭农场需要发展，必然需要好的营销方式，懂营销甚至比懂生产技术还要重要，农产品营销不仅仅是农产品的销售行为，其贯穿农产品生产经营的整个产业链，是产前、产中和产后一系列活动的总和。通过农产品营销活动的各个环节，最大限度地满足消费者需求的同时也实现农产品的价值，能够带来更多的经营利润，尤其是产品方面，打好产品战，能让家庭农场在市场竞争中站稳脚跟，提升企业的竞争力，让企业在众多的竞争者中立于不败之地。因此，探索出符合农场切实可行的农场营销策略是至关重要的。

（1）产业与市场分析

经过充分的市场调研和论证，在掌握了国内外市场动向和了解本地优势产业的基础上，经营农产品不仅要以市场为导向，更重要的是要结合本地自然资源和经济资源，扬长避短，把资源优势转变为商品经济优势。家庭农场要把市场需求与当地的资源结合起来，选择准确的农产品市场，对当地的农业生产进行合理规划布局，确定自己的支柱产业，并作出正确的市场定位，实行区域化布局，专业化生产。

（2）目标市场的选择与市场定位

目标市场是农场农产品决定要进入的市场部分，也是农产品打算服务的顾客群，从市场营销的角度看，一种农产品的市场是指该种产品全体消费者或用户。任何企业都会面对成千上万的买主，而这么多的买主，对一种产品的具体消费需求往往是不相同的，甚至差异很大。因此，一个企业要想在市场竞争中求得生存与发展，就必须明确要满足全体买主哪一类或哪几类特定买主的需要，即"自己的产品为谁的需要服务"；进行市场分析，把握市场变化发展的基本趋势，明确家庭农场自身的优势和劣势，利用优势发掘新的市场机会，并及时发现存在的威胁，以帮助家庭农场采取积极措施规避或减少风险；结合家庭农场自身的经营状况，选择适合的目标市场。

选择目标市场后,还要在目标市场上进行产品的市场定位。根据竞争者现有产品在市场所处的位置,消费者或用户对该种产品某种特征或属性的重视程度,强有力地塑造出本企业产品与众不同的、给人印象深刻的个性或形象,并把这种形象生动地传递给顾客,从而为该产品在市场上确定适当的位置。

(3) 制定切实可行的农产品营销组合策略

① 产品方面。既要从生产环节入手,搞好基地建设,提高农产品的内在质量,又要从加工环节入手,提高农产品的附加值,并要树立品牌意识,实施名牌战略。随着人们环境意识、生态意识和保健意识的增强,家庭农场在生产产品时要把保护人体健康及环境的理念渗透到新产品开发、产品设计、包装、促销、服务等环节中。为此,必须将这种以环境和资源保护为核心的绿色和有机营销意识纳入农产品经营之中,以节约资源、保护生态环境为中心,强调污染的防治、资源的充分开发利用。要占领市场,在竞争中取胜,非常重要的一点就是产品过硬,质量上乘。开展绿色、有机农产品营销,不仅要不断提高农产品内在质量,增加科技含量以提高产品的竞争力,还要重视农产品经营过程中上市时间,选择合适的市场时机应时或提前上市,提高经营的时间竞争力。

② 价格方面。要善于通过灵活合理的价格吸引顾客。农产品的价格要适应并能灵敏地反映市场供求的变化,农产品经营组织必须根据农产品市场情况,采用科学作价,及时调整农产品价格,并要不断加强管理,把科学的、现代化的企业管理经验运用到农产品经营中,严格控制各环节成本、费用,以争取价格优势。

③ 分销渠道方面。农产品从生产领域向消费领域转移的过程中,要通过各种代理商、批发商、零售商等中间环节,营销的渠道十分复杂繁多。农产品易腐易变,极大地限制了流通时间和流通地域,在流通过程中必须突出一个"快"字。这要求在经营上做到多渠道、少环节。多采取有利于加速流通的产销直接见面的营销方式,善于利用电子商务、微信等线上线下相结合的方式销售农产品。

④ 促销方面。在现代市场环境中,仅有农产品的质量、合理的价格还远远不够,农产品的生产经营者必须通过适当的方式进行促销,才能适应

市场竞争的需要。首先，农产品品牌的形成也需要广播、电视、广告等促销手段扩大产品知名度，加深人们对产品的印象，树立农产品及其加工产品的美好形象，提高消费者对名牌的识别度、忠诚度。其次，还要培养一支懂得现代营销理念的销售队伍，广辟国内外市场。一方面，要积极探索期货市场，利用期货市场套期保值和对外订单，切实规避市场风险，搞好农产品生产与厂商的对接。另一方面，以农产品绿色、有机产品认证等契机，加快农产品走出国门的步伐。最后，要高度重视合同履约，树立良好的市场信誉和企业形象；要引导和教育广大员工诚实守信，增强商业道德，自觉按市场规律办事，靠规模、质量和信誉创造良好的商机。

五、家庭农场运营存在的问题与应对策略

1. 家庭农场运营存在的问题

（1）家庭农场经营的统一规划需要加强

家庭农场发展需要专业化，对于特定地区发展什么类型的家庭农场需要一个总体规划。以加拿大为例，其家庭农场主要分为畜牧业农场、谷物农场、农牧业混合农场和特种作物农场4大类，并在全国10个省中形成了区位优势。我国农业分布广阔，同样需要针对当地的气候等自然条件进行家庭农场类型的布局，同时也需要结合特定地区的社会需求进行布局调整。如特大城市周围进行果蔬生产基地的布局，在生产基地布局中的家庭农场应服从整体规划。对于同一生产基地，各类别的果蔬品种安排更需要统一规划。如果盲目地跟风就会打破市场供求均衡，进而导致家庭农场的亏损，进一步损害该行业的良性发展。这对于其他类型的家庭农场亦如此，大量开发同类型的家庭农场将会导致不良后果。

（2）家庭农场的经营需要相应的扶持政策，同时需要增加更新设备和改善农田基础设施的资金投入

目前国家还没有出台具体的政策支持措施，就我国目前的农业基础设施现状和农业本身的特点而言，家庭农场较难迅速壮大。部分地区出台了地方性的政策，如武汉出台了一个家庭农场奖励4万元，但这些地区性政策毕竟有限，还不足以带动全局的发展。

家庭农场的提出，有着一定的发展背景，给部分农民的发展指出了解决之道。城镇化之后，农村土地出现了富余，就为家庭农场规模化提供了天然的便利，家庭农场也为农民工返乡提供了就业的机会。家庭农场的专业化、规模化、市场化提高了农业生产的效益，促进了农业的发展和农业的现代化。因而应大力扶持家庭农场的发展。但是家庭农场的主体——农业家庭需要大量的资金投入，建立农场不容易做到，建议应为其提供优惠政策和适度补贴。

(3) 难以取得银行贷款

家庭农场前期需要大量的资金投入，这对于农场建设者来说是无形中的障碍。一些试验阶段的家庭农场想扩大规模，却遭遇了融资难题。目前，家庭农场资金的投入多数来源于家庭农场开办者自己的积累和极少数的借款，这对于规模化的家庭农场前期的发展是一大阻碍，除沿海相对发达地区的家庭农场发展资金通过这些渠道能够凑足外，其他地区相对困难。另外，家庭农场的运营亦需相当数量的资金，规模扩张、农机购置亦需大量资金的支持。建议可以通过相关政策进行倾斜照顾，如银行为家庭农场提供部分运营资金、提供贴息贷款、创新贷款模式等。针对家庭农场的投资者，可以出台相应的投资指引等措施，解决家庭农场的资金问题。

(4) 难以获得相对稳定的租地规模

面对农户承包地极其细碎的现状，要实现土地规模经营，最大的困难就是租到成方成片的耕地，并确保租期较长、相对稳定。

因此，在土地流转过程中，一定要规范操作，双方签订书面合同，并约定详细的违约责任。但如果是向村集体组织租赁土地，则不存在这种情况。有不少村集体组织会保留部分耕地，其使用权归村集体所有，因而不存在向村民流转问题，可以降低其中的风险。

(5) 家庭农场经营风险管理有待提高

家庭农场的本质是提供农产品的组织，而农产品市场是一个完全竞争市场，其产品的利润相对较低，市场风险和自然风险相对较高。而且农产品价格的波动幅度受市场影响比较大，这对于家庭农场生存有着巨大的考验。养殖类、禽类产品的风险更高，因其存在着疫情（高致病性禽流感等），会给养殖业带来巨大的经济损失；粮食作物和园艺作物，对于干旱、洪涝和冰雹等自然灾害等风险也难以抗拒。因此，可以对农产品进行保护价收购、对农产品保险进行补贴等,扩大农业保险范围,实行农业保险补贴,以降低家庭农场的生产经营风险。家庭农场也可以通过与收购方签订订货合同提前确定价格,也可以通过前期市场调查确定当期生产的品种、数量等以进行农产品价格风险的规避。

(6) 家庭农场经营急需人才

家庭农场作为一个组织,其管理者除了需要农产品生产技能外,也需要有一定的管理技能,需要具有产品生产决策的能力,需要与其他市场主体进行谈判的技能以及进行市场开拓的技能。而如果家庭农场主仅仅是为了进行生产则相对简单一些,比如现行的"家庭农场+龙头企业"或"家庭农场+合作社"模式。但是家庭农场生产环节的利润相对较低,随着行业的发展,其生存环境也会面临越来越大的竞争。

家庭农场的未来依赖于附加值发展壮大,而附加值的增加需要技术的改良。技术的应用更需专业的人才,或者对于科技应用能力较强的人才。家庭农场的发展也依赖于农场主的高素质,这就需要有更多的有识之士投入家庭农场的发展中,用专业化、现代化的农业进一步促进家庭农场的发展。

2. 家庭农场发展的对策

家庭农场设立登记完成后,在运营发展过程中需要解决好以下几方面的问题。

(1) 管理好生产过程

家庭农场是食物的源头,无论是哪种模式的家庭农场,都要在坚持可持续发展的前提下管理好生产,跟踪生产的全过程。做好生产过程中病虫害以及各种疫病的防治。对种植业来说,病虫害是不可避免的,在确保可持续发展的前提下,防治要及时,技术要到位,防止减产及绝收的发生;对于养殖业,疾病和疫病也时有发生,比如 H7N9 型(禽流感),如果预防不及时就会导致毁灭性的灾害,给家庭农场带来不可估量的损失。因此,提高家庭农场主的管理和技能水平至关重要。

(2) 做好产品的销售

家庭农场以盈利为目标,这也就要求家庭农场要尽可能地减少中间环节,充分地与市场对接。家庭农场要创立自主品牌,利用现代化的营销手段增加品牌的知名度,从而增加销售量。比如,家庭农场可以创立自己的网站,利用 APP、微商等进行品牌推广,开展团购、直销等多种营销业务,实现产销一体化。

(3) 控制好风险

家庭农场可以注册个人独资企业、有限公司等多种形式,也会存在与企业一样的风险,因此,家庭农场主一定要把各种风险因素考虑周到。主要风险:一是对市场定位跑偏,没有搞清楚主流消费者群体及消费者代价,存在市场价格风险,如金乡大蒜第一年价格高涨,第二年有些家庭农场就投身到大蒜的种植行业,这一年大蒜的收获季节,对种植户来说价格还算稳定,但是未来几年市场价格如何,能否取得利润,还是一个未知数,因此要提前做好市场价格风险评估,调整种植结构,以规避市场风险。二是缺乏良好的规划设计,导致投资浪费。三是缺乏政府的扶持和保护,存在资金风险,农业投入很大,回报周期却很长,贷款难、融资难,因此在家庭农场的投入方面要稳扎稳打,不可急功近利,根据自己的资金持有情况进行投入。四是农业技术及规模化田间管理水平有待加强和提高。五是管理及营销渠道能力较弱。

要想规避上述风险,在项目的策划、规划、设计及运筹方面,就必须有充分的考量论证,做好市场调研,充分了解和理解政府的扶持和保护政策,提高自己的从业技能和管理水平,参加一些新型农民实用技术培训,改变传统的种养习惯,善于接受各项新技能。

(4) 充分利用国家对家庭农场的扶持政策

家庭农场做好规划后,要充分利用国家对家庭农场的各项扶持政策,顺应国家对家庭农场发展的要求。

第一,要充分利用国家对家庭农场的注册、登记等的简便措施;第二,利用好国家在财政上的支持,利用好国家对农业家庭农场的补贴政策,具体包括农机、良种、农资等的补贴;第三,利用地方对家庭农场税收上的政策,充分利用家庭农场享有的农副产品视同农民自产自销的待遇;第四,利用好部分项目上的扶持,在家庭农场发展过程中,国家看到适宜家庭农场申报的农业项目会考虑优先安排家庭农场;第五,利用好商业方面在农业上的保险措施,以便降低农业生产风险,保障家庭农场健康长期发展。

总之,我国的家庭农场还处于起步阶段,家庭农场的培育和发展是一个循序渐进的过程。在家庭农场发展过程中不能一味地追求数量和规模,而是要注重家庭农场的综合效益。家庭农场主要注重不断提高自身的素质，正确面对家庭农场在发展过程中的各种挑战，在政府各项相关政策和措施的引导下，使家庭农场健康良性发展。

 课外项目

模拟创办一个家庭农场。

案例 霍邱县某镇某种植家庭农场

某种植家庭农场的创办人——余某是一个务实而又睿智的人，1993 年他从山东畜牧学院毕业后来到当地一个大型黄牛养殖基地实习，几个月后养殖场老总看他工作勤奋，吃苦耐劳，技术过硬，便高薪把他聘请了下来，就这样他一干就是四年。但当时生活与工作的安逸并没有让余某满足，他想到家乡位于水门塘岸边，饲草丰富，自己现在对黄牛养殖技术已熟门熟路，何不回到家乡创业？说干就干，1997 年余某回到家乡开始了创业之路。

干自己爱好的专业，余某浑身是劲。由以前的几间小房子作饲养场，买了 20 头种牛，最开始做种牛繁殖；两年后，种牛繁殖就渐渐扩展到周边养殖户中。目前，黄牛养殖已普及到全县每个乡镇的合作社成员，发展模式实行统一销售、统一育培。

黄牛产业的蓬勃发展为余某和周边养牛户们带来了可观收入，但牛粪对环境的污染也让当地不少群众怨声载道，如何处理好科学养殖和保护环境问题成为当时摆在余某面前的一个问题。他想到用牛粪搞种植发展循环经济，他计划利用村里紧依水门塘北岸的一块 400 多亩的荒滩地。开荒种地，用牛粪施肥发展林果经济，这不仅让牛粪变废为宝，保障了养牛产业的后续力，同时也让一片荒滩地得以有效利用，这是一件一举两得的好事，对此余某充满信心。他把养殖场的牛粪运到种植基地改良土壤，又投资 100 多万元在荒滩地种上了常规的桃树、葡萄等林果。

但到了收获的季节，余某的种植梦遭受了重创。由于选种不是太对路子，果品成熟挂果的时候果子卖不掉，落得地上成片都是，当时损失有一百多万元。这次挫折并没有让余某对发展林果经济失去信心，反而让他意识到发展林果必须顺应市场，种植适销对路的品种。2011 年，余某同他人合作，共筹资几百万元，通过市场考察，将原先的果树一砍而光，种上了美国春瑞桃树以及日本醉金香、金手指葡萄等优良品种，并利用大棚栽植了西瓜，很快他的种植园便红火了起来。余某介绍说，农场这一块，大棚西瓜上市达50多万斤；葡萄种植能达到7个品种；桃树有数十个品种，还有杏子、李子等，采摘期可达到7个月，从3月份果品上市，可一直持续到9月份。

采用生态绿色种植，生产品质优良的产品，让余某对发展循环经济信心十足。2011年他成立了农业观光园，走"种植-养殖-林果"生态循环发展之路，集种植、养殖、生态旅游为一体。2014年他又在观光园的基础上成立了种植家庭农场，科学规划、合理配置，投入200多万元对农场内的路桥渠进行了配套，把农场分为四大功能区域：生态农业采摘园、养殖区、休闲垂钓区、餐饮住宿区。园区具有先天优势，和水门塘景区一脉呼应，农场里桃树、葡萄、草莓等蔬果不仅为人们提供了观光、采摘的好去处，满足了人们对绿色、无公害有机农产品的消费需求，同时还远销到上海、南京等地，为农场创造经济效益。该农场销售经理说，他们的家庭农场是一家综合性农业开发企业，主要生产现在已发展为种植、养殖、沼气生产、农产品加工四个方面，合作社采取订单销售，分别与上海、南京等地的超市签订了常年销售合同，并采取保护价方式，切实保护客户利益，实行规模化生产、规模销售，促进企业健康发展。

以循环经济为基础，发展有机原生态种养殖一体化是该家庭农场的一大特色，注重科技创新，合理循环利用，目前农场已发展到1300多亩，不仅拥有名品果蔬几十种，还发展了大棚名贵花木培育、特色渔业养殖、休闲景区观光、垂钓采摘农家乐等项目，园区功能齐全，风景优美，置身其中心旷神怡。2014年农场生态水果和粮食喜获丰收，水果收入达380万元，粮食收入达160万元，合计创收540万元。

对于农场今后的发展，余某及其合伙人充满了信心。农场总经理介绍说，今年又投入450万元扩建园区，水泥路面建成后可方便园区的消费者每天进行采摘，大大提高消费者的采摘力度及园区经济效益；其次，园区又投入一部分园区景点，是以观光、采摘、垂钓、休闲为一体的大型休闲园区，包括黄牛、土鸡养殖业以及黄鳝、泥鳅等水产业，目前，餐饮业也即将开业。

赏玩秀美风景，品尝绿色食品，采摘放松心情，农场其乐无穷，此种植家庭农场勾勒了一幅休闲怡人的美景，打造了一个荒滩变乐园的传奇，相信农场的明天会更加辉煌。

案例解析

该种植家庭农场成立于2014年,是在黄牛养殖专业合作社基础上发展壮大,走"水稻-牛-沼-林果-鱼"生态循环发展之路,集种植、养殖、生态旅游为一体的生态农业观光园。以循环经济为基础,发展有机家庭农场。该农场分为四大功能区域:以黄牛标准化养殖为主的生态养殖区、以生物质能源采集加工为主的沼气生产采集区、以日光温室栽培技术推广为主的现代化农业种植区、以果蔬商品化处理和保鲜为主的农产品加工保鲜区,四个功能区齐发展。观光园区具有先天优势,和水门塘景区一脉呼应,农场里桃树、葡萄、草莓等蔬果不仅为人们提供了观光、采摘的好去处,还为人们提供了绿色、无公害有机农产品。

模块二　创办农民专业合作社

# 认识农民专业合作社

一、什么是农民专业合作社

1. 农民专业合作社的概念

2017年12月27日第十二届全国人民代表大会常务委员会第三十一次会议审议修订通过，2018年7月1日起施行的《中华人民共和国农民专业合作社法》规定，农民专业合作社是在农村家庭承包经营基础上，农产品的生产经营者或农业生产经营服务的提供者、利用者，自愿联合、民主管理的互助性经济组织。它是农民自愿联合、共同所有和民主管理的一种组织形式。

农民专业合作社以其成员为主要服务对象，提供农产品生产资料的购买、使用，农产品的生产、销售、加工、运输、贮藏及其他相关服务；农村民间工艺及制品、休闲农业和乡村旅游资源的开发经营以及与农业生产经营有关的技术、信息、设施建设运营等服务。这样，合作社的农民就具有双重身份，即他们既是农产品的生产者、加工者和销售者，又是农民专业合作社的成员。

2. 农民专业合作社的类型

(1) 根据发起主体不同分类

① 能人牵头创办型　一般是指由从事农产品的生产经营者或者为农业生产经营服务的提供者、利用者中具有较大规模、较大影响的种养殖大户、农资营销大户、农业机械大户、农产品销售经纪人等牵头创办的农民专业合作社。能人在农民专业合作社中具有重大影响。这类合作社通常是农业生产大户联合周边农产品生产的农户，为增强市场谈判能力、压缩农资采购成本、提高农产品销售价格而组建的农民专业合作社。

案例 济宁市汶上县某薯业合作社

该专业合作社理事长是一个甘薯种植大户，合作社成立时自己已拥有300多亩甘薯田，并且已经有多年的甘薯种植经验，还建立了一定的营销网络。2013年成立了薯业农民专业合作社，合作社成立之初有核心成员5人，到2015年，历经两年的时间，合作社成员已达到150人，甘薯田1000多亩，同时拥有甘薯育苗基地80亩。2020年初，理事长自己拥有甘薯田900多亩，合作社拥有甘薯田5000多亩。在甘薯市场面临饱和的状况下，他又萌生了利用三年的时间带领合作社成员转行种植果树盆景的想法，同时也有了想要成立农民专业合作社联合社的念头。

案例解析

像某薯业这样的农民专业合作社，主要是以种养殖大户、农资营销大户、农业机械大户、农产品销售经纪人等农村能人为主体牵头创办，他们的经营模式一般为"合作社＋农户"。这些当地的农村能人，一般都具有一定的经济实力和号召力。案例中的理事长就是汶上县南站镇的甘薯种植大户，他利用自己的专业技术或销售渠道的优势，联合农户成立了这种互利性的农民专业合作社。通过建立合作社，既拓展了自己的业务，同时又带富了当地农民，具有较好的发展前景。

② 企业带动型　一般指由农业领域的龙头企业牵头创办的农民专业合作社，龙头企业成为农民专业合作社的主要出资者，对合作社具有重大的影响。这种类型通常是龙头企业通过合同契约的方式与农民专业合作社连接，而农民专业合作社一方面要组织合作社成员从事原料生产，另一方面也要按照合同向龙头企业提供合同数量和标准的农产品。

案例 济宁市泗水县某苗木种植专业合作社

泗水县某苗木种植专业合作社成立于2012年8月，注册资金为人民币2000万元，它是以济南市某园林绿化有限公司为依托成立的农民专业合作社，主要经营范围：造林绿化苗木，园林绿化苗木，花卉种植销售，组织采购、供应成员所需的生产资料；组织收购、销售成员生产的产品；引进新技术、新品种，开展技术培训、技术交流和咨询服务等业务。

案例解析

某苗木种植专业合作社是以企业为主体,采用"公司+合作社+农户"的合作模式,依托济南市某园林绿化有限公司,组织基地农户共同参与成立的一种农民专业合作社。这种类型的合作社与种养农户之间建立了紧密的产销关系,一般农户产品都由公司来进行销售,类似于订单企业,但以农民专业合作社的模式进行经营。

③ 政府和基层组织领办型　一般是指利用一些政府人员、农业服务部门成员或者村两委成员的政治职能,围绕当地主导产业,把分散的农户组织起来,开展产前、产中和产后服务,成立农民专业合作社。此种类型的农民专业合作社模式为:"政府人员或农业服务部门成员或村两委+合作社+农户"。

这种类型的合作社产业规模发展迅速,同时可以利用政府人员或农业服务部门成员或村委成员的号召力,使得成员紧密联系起来,以村两委成员牵头的合作社的工作得到村委的支持,也有利于形成政府倡导的"一村一品"示范模式,同时一些农业服务部门成员领办的合作社,具有信息获得较快速、涉及面较广、对政策领悟比较到位的特点,因此合作社较为规范。

知识拓展

"党支部+合作社+农户"模式,可以用一个案例进行诠释。2017年,烟台市委组织部牵头在全市推动村党支部领办合作社,从最初的11个村试点,扩大到百村示范,后来实现了千村覆盖。支部引领合作社是属于民事法律主体的其他组织,是依法建立的,有自己的名称、组织机构和场所,拥有独立的财产和自主进行生产经营的能力,并能在一定的财产范围内独立承担民事责任,符合民事主体资格条件。发展到一定阶段,规模不断扩大,示范带动能力提高,对于壮大村集体经济,带动农民共同致富作用明显。当然党支部领办合作社关键要有一个好班子,特别是要选出一个好书记,这样才能有公信力、凝聚力,才能把群众组织起来办好合作社。如烟台村党支部领办合作社的基本形式是把党支部的政治优势、组织优势和合作社的经济优势,以及群众的能动性结合在一起,由党支部书记或者是党支部成员代表村集体,注册成立农民专业合作社。村集体以集体资金、资产、资源入股,群众以土地、资金、劳动力入股,建立起村集体和群众利益共享、风险共担的经济利益共同体,用类似现代企业制度的方式进行管理和监督。依据各地各村的地理位置、自然资源、产业基础,要求党支部领办合作社因村制宜,宜农则农,宜工则工,宜商则商,宜游则游,因村而异。

> **案例** 济宁市汶上县某种植农民专业合作社
>
> 济宁市汶上县某种植农民专业合作社由苑庄镇小前秦村党委牵头，于2012年12月注册成立，合作社的组织机构成员（理事长、理事会成员以及监事会成员）多为村两委成员，成立之初合作社有成员30人，现合作社已经有成员260人，蔬菜种植基地1400亩，包括400多个大棚；该合作社以经营黄瓜为主。目前苑庄镇小前秦村因成立种植农民专业合作社而成为山东省一村一品示范村，已注册"汶缘"作为该合作社的黄瓜商标。

案例解析

汶上县某种植农民专业合作社主要是利用苑庄镇小前秦村党支部的号召力，围绕当地种植温室大棚黄瓜这个产业，把该村及其附近分散的农户组织起来，开展产前、产中和产后服务。产前种植由农民专业合作社统一购买品种、肥料、薄膜等生产资料，并进行统一育苗；产中统一进行技术指导，防治病虫害；产后对产品进行统一包装，使用"汶缘"作为该合作社的黄瓜商标进行销售。

（2）以合作社自身的功能为标准分类

① 生产类合作社　即从事种植、养殖、采集、渔猎、牧养、加工、建筑等生产活动的各类合作社。

② 服务类合作社　即通过各种劳务、服务等方式，提供给成员生产生活和一定便利条件的合作社。在服务类合作社中，常见的有下列几种类型。

a. 消费合作社。消费合作社是指由消费者共同出资组成，主要通过经营生活消费品为成员自身服务的合作组织。

b. 供销合作社。供销合作社是指购进各种生产资料出售给成员，同时销售成员的产品，以满足其生产上各种需要的合作社，是当前世界上较为流行的一种合作组织。供销合作社经营方式有两种，一是专营供给业务，二是兼营农产品运销或者日用工业品销售等业务。

c. 运销合作社。运销合作社是指从事成员生产的商品联合推销业务的合作社，有时候兼营产品的分级、包装、加工等业务。运销合作社的业务主要集中在农产品运销方面,农业生产和农产品基于其自然特点,供应不能十分均衡,价格变化较大。通过组织合作社专门销售,可以尽量避免经济上的风险。目前,世界各国的运销合作社主要采用三种不同的运销制度:一是收购运销制,即合作社收购农产品后再行销售,销售盈利与成员无关;二是委托运销制,即合作社代理销售,销售款在扣除一定费用后全部交给成员,盈亏由成员承担;三是合作运销制,即合作社将成员所交的同级产品混合销售,成员取得平均收入。

d. 保险合作社。保险合作社是指个体劳动者、业主、职工联合起来,按照保险法的规定,采取互助方式,以成员为保险对象而经营保险事业的合作社。这种保险组织,由成员交纳保险费,成员自己经营与管理,共同负担灾害损失,维护成员的自身利益。保险合作社主要有三类:一是消费者保险合作社,以人身保险为主;二是劳动者保险合作社,以失业保险和意外保险为主;三是农业保险合作社,以农业生产和收获保险为主。

e. 利用合作社。利用合作社是由合作社置办各种与生产有关的公共设备或者生产资料,以供成员分别使用的一种合作社。目前,世界各国比较普遍的利用合作社有:种畜利用合作社(利用良种、繁殖家畜)、仓库利用合作社、农业机械利用合作社、水利利用合作社、电气利用合作社、土地利用合作社等。

f. 医疗合作社。医疗合作社是公用合作社的一种形式,是通过置办医疗设备,聘请医务人员,为成员提供医疗保健服务的合作社。由于服务的范围不同,具体形式也有区别:有的创设独立医院,有的只设简单的诊所,有的只设为成员提供廉价药物的药房。

g. 公用合作社。公用合作社是置办各种与日常生活有关的设备以供成员使用的合作社。它与消费合作社不同的是,它所置办的设备为合作社所有,仅供成员使用,不向成员出售;它与利用合作社不同,它所置办的设备为生活所需,而非生产所需。公用合作社的业务种类很多,比较普遍的有食堂、理发厅、浴池、洗衣房、托儿所、图书馆、茶馆、剧场等。目前在欧美等地特别流行的住宅合作社和医疗合作社,是公用合作社中最发达的两种形式。

h. 劳务合作社。劳务合作社是由合作社承包业务,成员使用集体或个人所有的劳动工具并提供劳动力,共同进行劳动的合作社。成员除得到应得工资外，对年终盈余，有权再按成员提供的劳务参与分配。劳务合作社经营的业务，大多属于劳动工具比较简单，工作时间相对较短而工作场所分散或易变的各种劳务，如建筑、运输、装卸、修理、采伐等方面的工作。

二、为什么要创办农民专业合作社

合作，就是有同样需求的一群人聚集起来，共同去做一件事。中国的农业已踏上转型之路，农业生产走向生产经营专业化、标准化、规模化、集约化的阶段。农民一家一户的生产经营方式已不适应农业发展和农民增收的需求，建立农民专业合作社已成为实现农业生产增效、农民增收的重要途径。

> **案例　延柏大柏某奶牛合作社**
>
> 北京市延庆区旧县镇某村奶牛养殖事业是从 1975 年开始发展起来的，生产的鲜奶最早是提供给县里的两个奶粉加工厂。后来由于伊利、蒙牛、光明、三元等奶业大公司进入北京郊区，一时出现了很多个体收奶站，这些奶站的联合极大地影响了奶价，使得奶价最低时降到了每斤 0.5 元，转手以每斤 0.9 元交售到龙头企业，奶站的利润会很高，可奶户家家赔钱，奶农的利益很难得到保障。面对这种情况，2004 年 3 月，退休村支部书记为了保护奶农的利益，带着一些奶农集资成立了延柏大柏某奶牛合作社，把原来的大户经营主体变为合作社经营主体。合作社一开始就把奶价定到每斤 0.85 元，比其他奶站高 0.35 元，现奶农每天可直接增加收入 5.2 万元，一年 365 天，可增加收入 1898 万元。

案例解析

老支书为什么要成立合作社？众所周知，合作社的产生和发展受多方面因素的影响，比如产品的特性、生产集群因素、制度环境以及组织成员等。其中产品特性是前提，也就是农民专业合作社进行生产、交易和服务的产品在生产技术和市场交易方面的特性。一般来说，农民专业合作社通常率先兴起于农产品商品率较高、农业剩余较多、市场风险较大、单个农户博弈弱势较明显的情况下，也可能兴起于具有较明显季节或时间约束、易损性较强、交易频度较高、资产专用性较高的农产品领域内。鲜奶易腐坏，难贮存，奶农往往容易遭遇商品损失；而易腐坏、生产投入、地理位置、农户对奶业专业技术的掌握等，都会导致奶农面临资产专用性问题；交易频繁，养殖户每天都要销售牛奶，所有这些因素必然导致奶农产生强烈的合作愿望。由此可见，奶业是农业领域中最适合组织合作社的产业。老支书想成立合作社，就是因为奶站压价收购，降低收购价格，不顾及奶农的利益，致使很多农户对养牛致富失去了信心，对该村奶牛事业的生存发展构成了极大的威胁。老支书在这种形势下成立延柏大柏某奶牛合作社，把农户联合起来，共同抵制奶站的压价行为，促进当地主导产业，由此来领导当地奶农致富。

现在，国家高度重视发挥农民专业合作社在促进农民增收、发展农业生产和农村经济中的作用，为了支持、引导农民专业合作社的发展，2006年10月31日第十届全国人民代表大会常务委员会第二十四次会议通过了《中华人民共和国农民专业合作社法》，并于2007年7月1日起正式施行。

2017年12月27日第十二届全国人民代表大会常务委员会第三十一次会议又对《中华人民共和国农民专业合作社法》进行了修订，并于2018年7月1日起正式实施。

1. 农业发展需要：一家一户小农业生产已不适应现代农业的发展

我国农村实行家庭承包经营以来，在一家一户的生产经营形式下，农民要面对市场出售农产品、购买生产资料、寻求技术服务，由于量小而且分散，产品销售价格相对较低，而生产资料购买的价格相对较高，并且得到一定的技术支持也不是很容易，这使得农民进一步发展生产受到了限制，增加收入就相对困难。对于普通农民来说，要改变这种状况，可以通过扩大生产经营规模实现，但是，受制于我国人多地少的基本国情，家家户户都要通过扩大土地经营规模来发展生产，显然是不现实的。因此，只有以合作的方式，生产、销售同样的产品，联合采购生产资料和技术服务，甚至自己发展一些初级的加工生产，通过合作来形成相对大的生产经营规模，加强自身的市场谈判能力，提高产品销售价格，降低生产资料采购价格，才能更方便地获得技术服务，从而增加收入，这是一个现实选择，也是农民专业合作社发展的必然趋势。

2. 国家政策导向：合作共赢

"两个需求"和"两个需要"注定农业经营要走农民专业合作化的

道路。

(1) 农业产业化发展的需求

所谓农业产业化,是指以市场为导向,以经济效益为中心,以主导产业、产品为重点,优化组合各种生产要素,实行区域化布局、专业化生产、规模化建设、系列化加工、社会化服务、企业化管理,形成种养加、产供销、贸工农、农工商、农科教一体化经营体系,使农业走上自我发展、自我积累、自我约束、自我调节的良性发展的现代化经营方式和产业组织形式,是中国农业发展史上一次重大的革命。这种经营模式从整体上推进了传统农业向现代农业转变,是加速农业现代化的有效途径。要提高劳动生产率、土地生产率、资源利用率和农产品商品率等,在农业的经营模式上就要走合作社的模式。

(2) 发展现代可持续生态农业的需求

中国农业的现状是优质耕地日益减少,农业劳动力日益缺乏,农业现代化发展的速度与工业化、城镇化发展不相协调,这些问题的解决,都必须依靠建立农业科技创新体系,发展现代可持续生态农业来实现,从而满足人们对主要农产品的刚性需求和实现国家提出的中国现代农业"高产、优质、高效、安全、生态"目标。农民的联合、土地的合作能够更快地推动农业科技创新体系的建立,快速实现现代生态农业的可持续发展。

(3) 促进社会主义新农村建设,加快城镇化发展的需要

农民专业合作社是我国农村实行产业化经营的一种新的而且有效的产业组织形式,是我国农村先进生产关系的一种新的实现形式,已经成为推动社会主义新农村建设的生力军。因此,如何加快农民专业合作社建设,对于发展农村经济、促进社会主义新农村建设、加快城镇化发展具有深远的意义。

(4) 提高农产品质量安全的需要

近几年来,我国农产品质量安全形势不容乐观,尤其是农产品质量安全事件的发生,严重损害了农民的利益和消费者的健康,虽然《农产品质量安全法》已颁布实施,但是如何更加有效地保障农产品质量安全,已经成为当前经济社会发展中亟待解决的突出问题。解决好这一问题,离不开政府的监管、企业的自律,更离不开农民自身意识的觉醒和组织化程度的提高。如何才能保障农民按照标准生产,从源头上保障食品的安全性?从农业内部来看，目前我国高度分散的农户难以承担保障农产品质量安全的重任，而农民专业合作社则可以成为农产品质量安全有效的内部监控者。利用农民专业合作社把处于分散状态的农户联系起来，把更多的农民发展为"合作社"的成员。由于这种"利益均沾，风险共担"的关系，使每个生产者都能按照标准生产，相互之间还可以建立一种监督机制，有利于提高农业生产标准化水平，也有利于新技术的推广和应用。因此，发展农民专业合作社有利于构建有效的质量监督体系。

法律/政策依据

《农民专业合作社法》第十条规定，国家通过财政支持、税收优惠和金融、科技、人才的扶持以及产业政策引导等措施，促进农民专业合作社的发展。国家鼓励和支持公民、法人和其他组织为农民专业合作社提供帮助和服务。对发展农民专业合作社事业做出突出贡献的单位和个人，按照国家有关规定予以表彰和奖励。

《农民专业合作社法》专门设立"扶持政策"一章，明确了在农业和农村经济建设项目扶持、财政扶持、金融支持、税收优惠等方面对农民专业合作社给予扶持。

自2004年以来，中央每年的一号文件都提出要支持农民专业合作组织发展。2009年的中央一号文件提出，将合作社纳入税务登记系统，免收税务登记工本费。在办理税务登记后，各合作社可同时申请办理免税登记。另外，合作社成立后，要办理组织机构代码证，也是免收工本费。

（1）建设项目扶持

《农民专业合作社法》第六十四条规定，国家支持发展农业和农村经济的建设项目，可以委托和安排有条件的农民专业合作社实施。符合条件的农民专业合作社可以按照政府有关部门项目指南的要求，向项目主管部门提出承担项目申请，经项目主管部门批准后实施。

（2）财政扶持

《农民专业合作社法》第六十五条规定，中央和地方财政应当分别安排资金，支持农民专业合作社开展信息、培训、农产品标准与认证、农业生产基础设施建设、市场营销和技术推广等服务。对国家对革命老区、民族地区、边疆地区和贫困地区的农民专业合作社给予优先扶助。县级以上人民政府有关部门应当依法加强对财政补助资金使用情况的监督。近年来,从中央到地方,各级财政已陆续安排专项资金对农民专业合作社进行扶持。今后,各级党委、政府对农民专业合作社的财政支持额度会越来越大,范围会越来越广。

(3) 金融支持

《农民专业合作社法》第六十六条规定,国家政策性金融机构应当采取多种形式,为农民专业合作社提供多渠道的资金支持。具体支持政策由国务院规定。国家鼓励商业性金融机构采取多种形式,为农民专业合作社及其成员提供金融服务。国家鼓励保险机构为农民专业合作社提供多种形式的农业保险服务。鼓励农民专业合作社依法开展互助保险。

(4) 税收优惠

农民专业合作社为独立的农村生产经营组织,可以享受国家现有的支持农业发展的税收优惠政策,《农民专业合作社法》第六十七条规定,农民专业合作社享受国家规定的对农业生产、加工、流通、服务和其他涉农经济活动相应的税收优惠。财政部、国家税务总局于2008年6月24日以财税〔2008〕81号文件,下发了《关于农民专业合作社有关税收政策的通知》,这是专门面向农民专业合作社制定的税收优惠政策。对农民专业合作社销售本社成员生产的农业产品,视同农业生产者销售自产农业产品免征增值税。增值税一般纳税人从农民专业合作社购进的免税农业产品,可按13%的扣除率计算抵扣增值税进项税额。对农民专业合作社与本社成员签订的农业产品和农业生产资料购销合同,免征印花税。对农民专业合作社向本社成员销售的农膜、种子、种苗、化肥、农药、农机,免征增值税。

三、农民专业合作社的发展历程

1. 国外农民专业合作社发展

(1) 国外农民专业合作社发展概况

国外农民专业合作社的发展较早,已有170多年的历史。1844年在英国兰开夏郡的小镇罗虚代尔诞生了世界上第一个真正意义上的合作社组织"罗虚代尔公平先锋消费合作社"。此后合作社经历了四个阶段:1844年至第二次世界大战前是第一阶段,即初始阶段。据统计,第二次世界大战前全世界合作社成员就已达到 1 亿人左右。第二次世界大战期间是第二阶段，即低谷阶段，合作社运动陷入低谷，第二次世界大战后又有所发展。第二次世界大战结束至 20 世纪 90 年代末是第三阶段，即壮大阶段，在此期间，参与国际合作社联盟的成员包括 94 个国家的 225 个全国性组织，7 个国际性组织，拥有 70 万个合作社，共有 8 亿成员。20 世纪 90 年代末至今是第四阶段，即调整阶段，一是机制问题，由于是小范围内的平均机制，决策时一人一票，不利于调动大户的积极性；二是技术成果推广受到制约，在农业、林业、牧业、渔业各行业和种植、养殖、加工、流通等环节科技得不到提升，要求调整技术推广。

（2）国外农民专业合作社的主要类型

各国合作经济组织发展的背景和途径有别，大体可分为以下三种类型。

① 以德国、法国为代表的专业合作社。这类合作社的特点是专业性强，即以某一产品或某种功能为对象组成合作社，如奶牛合作社、小麦合作社，或销售合作社、农机合作社等。合作社一般规模都比较大，本身就是经济实体，为了形成规模优势、保障合作社利益，合作社之间的联合或合作逐步增强，形成了比较完整的合作社体系。

在法国，各地的农会、粮商和农业合作社则承担起了技术推广的工作。在农业合作组织推动下，法国农业迅速实现机械化、一体化，农产品极大丰富，并使法国成为世界第二大农产品出口国；农业合作组织使个体农场得以联合起来，提高了它们在市场竞争中的地位，增加了农民的收入。同时，农业合作组织还在政府与农户之间架起一座桥梁，政府对于农业的扶植政策通过农业合作组织得以实施，而农民的要求也通过农业合作组织得到反映。

在德国，农业合作社已经发展到农副产品、食品加工的各个环节，甚至一些手工业、农业信贷、建筑住房、现代物流、环保、商业和信息服务等的生产生活领域也成立了相应的合作社，几乎所有农户都是农业合作社成员，其中不少农户同时参加几个合作社。德国的农民通过参加合作社解决了单个农户面对市场风险时力量薄弱的问题。比如通过加入合作社，农民可以减少生产交易活动中的损失；改变其在信贷中的弱势地位，减少债息过高带来的风险；方便农业机械化生产及设备的互通，降低成本，提高农业生产效率；共享农产品加工带来的增值好处；享受社会化服务带来的收益等。因此，德国的农业合作社提高了农业生产和销售的组织化和产业化程度，推进了农业结构调整，促进了德国农村和地区发展，提高了农民收入。

② 以日本为代表的综合性合作社。这类合作社的主要特征是以综合性为主，日本、韩国、印度、泰国都属于这一类型。在日本有综合性农协，根据成员的需要为成员开展多种多样的服务，主要有农业经营指导服务、农产品销售服务、信用服务等。

日本农协包括基层农协、县级农协、全国农协三级。这三级组织按其业务对象和经营范围不同又可分为两大系统，即主要从事指导业务的全国农业协同组合中央会和主要从事经济事业的农协联合会系统。其中，农协联合会有综合农协和专门农协两种组织形式。综合农协从事《农协法》规定的包括销售、购买、信用、共济、仓库、指导等各种业务；专门农协是以特定的农畜产品销售为目的，由从事同一专业生产的农家组成，主要存在于养蚕、畜产、园艺等专业领域。综合农协分布在全国各地，其业务除涉及整个农业生产外，还设有金融机构和商店。和专门农协相比，综合农协与人们的生产和生活的关系更为密切，其规模通常也比专门农协大。20世纪90年代后，随着宏观环境的变化，为了减轻负担，提高效率，提高规模和实力，日本农协进行了改革，将原来三级组织体系改为二级，把都、道、府、县联合会并到中央，基层社也从原来的1万多个精简到2000年的1411个，到目前只剩1000个左右。

③ 以美国、加拿大为代表的跨区域合作社。这类合作社的特点是跨区域合作与联合，以共同销售为主，发展大的种植、养殖、加工服务，因此美国销售合作社较发达，规模大，在牛奶、水果、蔬菜等领域占有较大的市场份额，做出品牌，走向世界，因此美国涌现出了不少国际驰名品牌。

在美国，农业技术推广采取的是大学模式，由农学院统管全州的农业教育、农业科研和农业推广工作，农业教育、研究与推广三位一体。州农学院都设有董事会，聘请州政府官员、农业企业经理、农业专家等各方面代表参加，以便保持学院与社会的密切联系。州试验站由农学院管理，在全州各地设立分站或分场，结合当地生产课题进行研究。在农学院中教师有 $1/3 \sim 1/2$ 参加试验站研究工作，试验站专业研究人员约60%或更多兼有农学院教学任务。联邦及州、县政府拨款资助各州、县建立技术推广服务体系，推广工作由农业部和农学院共同领导，但由农学院具体负责。

(3) 国外农民专业合作社的特点

国外农民专业合作社的发展途径和形式各有不同,但也有一些共同的特征。

① 授权于农。合作社坚持"民办、民管、民受益"和服务成员、自主经营、自由进退的原则。合作社的成败取决于农民的合作意识和参与程度。在促进合作社发展的过程中,尊重农民的意愿和选择,农民入社、退社自由,不搞强迫命令,不搞行政干预,成员民主管理。以服务成员为宗旨,不以盈利为目的,实行按股分红和按交易额分红相结合已成为国际公认的原则。决策根据合作社章程,由成员投票决定。

② 有法可依。以法制为基础,制定关于合作社的法律法规,保障合作社的健康发展。如德国于1871年制定了适用于全国的《合作社法》,19世纪中期,英国、法国也形成了关于合作社的法律制度。美国的合作社法律体系是由联邦法律涉及合作社的条款和各州的合作社法构成。日本、韩国、印度、泰国也相继制定本国的合作社法。通过立法形式确立合作社的法律地位,保护并促进合作社的发展,这是各国发展农业合作社的一个共同特征。

③ 政府扶持。合作社的发展离不开政府的支持与帮助。从国外的做法来看,大部分国家对合作社的发展采取不主导、不领导、不干预政策,并且给予扶持,主要是在财政、信贷、税收等方面对合作社采取了优惠政策。如德国巴伐利亚州每年拿出约2亿马克用于支持各类农民经济组织。美国19世纪末豁免了合作社的全部赋税,并在其后的半个世纪里,合作社一直享受着免税待遇。

④ 走向联合。各国的农业合作社之间逐步走向联合,比如日本的农协之间纵向的联合比较多,在基层是综合性农协,在中央有供销、保险、金融等联合会。正是通过联合的优势,日本农协的经济实力非常雄厚,联合对日本农业发展起着举足轻重的作用。随着世界经济一体化进程的加快,国际农产品市场竞争日趋激烈,各个国家农业合作社之间更是以国内外市场为导向,加快了联合的步伐。

⑤ 适时调整。从"罗虚代尔"到"国际合作社联盟",合作社的基本原则随着合作社的发展而不断修订与完善。如美国由于受经济自由化、农产品需求市场变化以及合作社自身体制和管理等因素影响,遇到了一些问题,这使传统农业合作社运营机制受到挑战。在20世纪90年代初,美国兴起了新一代农业合作社。在坚持合作社基本原则的前提下,对传统合作社的内部制

度作了适应新形势的修改，主要是突破了传统农业合作社的"一人一票"原则。新一代的农业合作社的管理方式从此更趋向多元化，即合作社重大决策或按人投票，或按股投票，或按交易额投票。由于新一代农业合作社在制度上作了创新性安排，才有效地克服了传统合作社的种种缺陷。

2. 国内农民专业合作社发展

（1）国内农民专业合作社发展概况

20世纪70年代末以来，中国农村改革获得了极大的成功，为社会主义市场经济的改革和发展创造了良好的条件。随着计划经济体制向市场经济体制转变，中国农村的市场经济体制也得以逐步发展，这是农村合作经济组织产生的重要前提。市场经济条件下，社会资源遵循价值规律由市场配置，农产品竞争也要遵守市场准入原则、市场竞争原则、市场退出原则，生产要素（土地、技术、资本、信息、劳动力等）在市场中自由配置、优化组合，于是，农村合作经济组织应运而生。同时，家庭联产承包责任制的统分结合双层经营体制，为农村合作经济组织的发展提供了微观基础；城乡二元经济结构的调整，工农业并举也为农村合作经济组织的发展提供了政策支持。

2006年10月31日，第十届全国人大常委会第二十四次会议通过了《中华人民共和国农民专业合作社法》，并于2007年7月1日颁布施行；2017年12月27日第十二届全国人民代表大会常务委员会第三十一次会议再次进行修订，并于2018年7月1日颁布施行，这标志着我国农民专业合作社进入了依法发展的新阶段。同时，在以中共中央、国务院"一号文件"为重点的政策支撑下，以农村农业主管部门及相关部门协助和各种社会力量牵头兴办的工作体系指导下，农民专业合作社得到了快速发展，并取得了显著成效。总结我国农民专业合作社各个时期的发展历程，可以分为以下几个阶段。

① 农民自发组织起步阶段（20世纪80年代中期至90年代中期）；

② 政府引导实施发展阶段（20世纪90年代中后期至2006年）；

③ 依法规范实施发展阶段（2007年7月1日《中华人民共和国农民专业合作社法》颁布实施后至2018年7月1日修改后的《中华人民共和国农民专业合作社法》颁布实施）；

④ 乡村振兴新时代阶段（2018年7月1日修改后的《中华人民共和国农民专业合作社法》颁布实施后至今）。

（2）国内农民专业合作社的特点

① 农村合作经济组织发展已初具规模、广泛分布、多类型并存。农村

经过改革开放40年来的发展，中国部分省份和地区发展农村合作经济组织的数量规模不断扩大，农村合作经济组织的覆盖面不断扩大，呈现了逐步加快发展的态势。截至2021年3月底，我国农民专业合作社已达220万家，并且呈现出产业门类日益增多、服务内容不断拓展、组织功能逐步完善、市场竞争能力逐步增强的良好发展态势。这些组织在地区分布上，从经济发达的地方到经济落后的地方都有发展，中部最多，东部次之，西部最少。全国农村专业合作经济组织数分布最多的五个省是山东、湖南、陕西、河南和湖北，最少的省份（自治区）是青海、海南、宁夏、新疆和福建等。

按照组织的形成背景划分，中国农村合作经济组织的组建和发展模式大体有五类：第一类是由科技协会发起建立的；第二类是由农业技术推广站等政府事业单位及乡村干部发起建立的；第三类是由供销合作社发起建立的；第四类是由龙头企业发起建立的；第五类是由农村中的专业户、经销大户等自发建立的。

我国农村合作经济组织的类型多样。从组织目标功能看，包括投入型农村合作经济组织、市场营销型农村合作经济组织和服务型农村合作经济组织；从行业分布看，粮食、棉花、花生、蔬菜、水果、畜产品、水产、农机等不同行业都出现了为数不少的农村合作经济组织；从合作层次看，有从村级到省级的各种级别和层次的农村合作经济组织。这些组织在行业分布上，以种养业为主，主要集中于商业化程度较高的特色种植业和畜牧水产业等领域，从事粮食作物种植的非常少。有些组织同时从事多项活动，包括农产品加工和技术信息推广等。从组织的类型看，大多数的组织属于技术经济服务型，主要是为会员农户，甚至为非会员农户，提供技术经济信息和一些生产资料的供应服务。

② 农村合作经济组织的内部治理结构各具特色。目前大部分农村合作经济组织都允许会员在符合章程规定的条件下自愿加入，大部分允许会员自由退出，也有少部分对此没有规定。会员退出组织的数量很小，退出的主要原因是"改行"从事其他与该组织无关的活动，还有一些是因为组织没能提供原先所承诺的服务。会员退出时，有一半左右可以撤回投入资金，另一半不可以撤回或组织对此没有规定。大多数与土地有关的组织认为会员将土地转包之后，仍然可以继续保留会员资格，会员资格不会随着土地转让而转让。

大多数组织对普通农户、专业大户和技术能手、销售专业户加入组织没有限制，但对地方政府官员和社会团体人员加入有所限制。

农村合作经济组织的收益在会员中分配的方式，按经过组织销售的产品数量分配组织收益的稍多，其余是按经由组织销售的产品价值和提供给组织的资金分配，两者比例比较接近，也有一部分不分配利润或没有收益分配这项活动。还有一部分组织其收入全部用于组织的开支。农村合作经济组织成本在会员中分摊的方式与收益分配方式基本一致，但是有一些组织仅由核心会员或组织管理层成员负担成本，尤其是在初创阶段。还有一些组织的成本从所收的会费和年费中支出。有不到1/3的组织表示没有进行成本分摊，其中有些组织表示会员通常都是独立核算，因此没有成本分摊。

目前农村合作经济组织发展基本上都有书面章程，章程所包含的内容居于前五位的是：会员的权利和义务、组织的主要任务和功能、组织管理机构的设置及其职权、会员加入和退出的手续或程序、会员的合格条件。涉及内容很少的重要三项为选举会员代表或评选积极会员、协会成本的分摊方式、监事会的选举程序。基本设立了理事会和全体会员大会，部分设立了监事会，大部分有年度生产和发展计划。大多数是每年召开一次全体会员大会，有一些只在管理层换届时才召开全体会员大会，有少部分是在需要时召开全体会员大会。召开全体会员大会的主要内容是提供技术咨询与培训，传达政府或有关部门的文件或指示，选举或更换协会负责人。在组织的决策方式中，由理事会做出决定的活动主要包括八项，即挑选新会员、决定为会员提供什么样的服务、开发新产品、进行新的投资、开除现有会员、寻找新的市场、挑选确定生产资料供应商、挑选确定产品购买方。

③ 农村合作经济组织多数分配制度不符合合作制的本质规定。合作经济组织与其他经济组织的根本区别在于成员既是组织的所有者（投资者），又是组织的惠顾者（生产者），而保证这种身份的同一性，并具有真正经济意义的原则就是"按惠顾额分配盈余"和"资本报酬有限"。不少农村合作经济组织存在分配制度不完善的现象，主要表现为：分配方案完全由合作组织领导决定，没有分配利润，只有价格优惠，把价格优惠当作利润返还；利润返还只限于一部分甚至某一宗交易，而不包括成员参与的其他业务；将利润返还、股金分红等不加区别、没有标准地捆绑在一起；名义上实行利润返还、股金分红，实际只付利息等。

④ 农村合作经济组织在发展中不断出现新趋势和新动向。近年来，受多种因素的支持和影响，中国各地农村合作经济组织在发展中出现了一些新趋势和新动向。

第一是从中央到地方各级主管部门为农村合作经济组织的组建和发展所提供的支持不断增强，具体支持方式包括发布文件，提供资金补贴和实物支持，帮助组织在其他机构获得资金，减免税费等。其中资金补贴，从 400 多元到超过 20 万元不等；实物补贴，价值从 600 元到 10000 元不等，这促进了新组织的组建和已有基础组织迅速发展壮大。

第二是农村合作经济组织的类型多样化、综合化、实体化，从协会型发展到生产经营型，从生产经营型发展到投资型，新一代投资型合作社已经出现并得到发展，显示出强大的生命力。

第三是农村合作经济组织的组建领域不断拓宽，已从蔬菜、瓜果等种植业范围扩展到粮食、养殖、农机、水电、科技服务等各行业，合作的深度也从单纯的生产环节扩展到产、加、销全过程，涉及加工、销售领域。

第四是农村合作经济组织对优势产业的依托性增强。专业合作社突出主导产业，发展特色产品，较好地适应了市场的需求；综合服务社从服务农民生活出发，突出综合服务，较好地满足了农民的需要，也启动了农村消费市场。

第五是农村合作经济组织中的社与社、合作社与公司之间的合作不断增多，并进行登记注册，逐步形成农民专业合作联合社。利益联结比较紧密的组织占全部组织的 60% 以上。这些组织中农户以土地、资金、劳力和技术等参股，形成以产权为纽带的新型经济共同体，风险共担，利益共享。

项目二　成立农民专业合作社

组建、创办农民专业合作社主要有三个方面的事项：一是联络合作人，拟定合作事宜；二是筹集资金，选定场所，制定章程；三是准备申报材料，到市场监督管理部门登记。

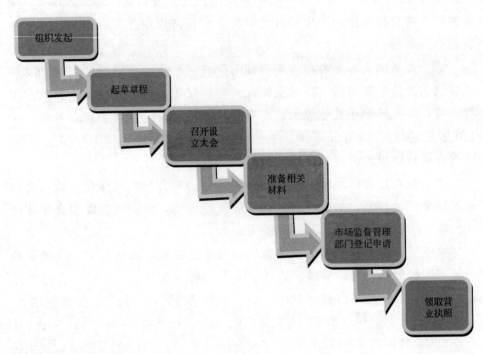

> 📚 **办法指引**

县级以上市场监督（工商行政）管理部门咨询注册合作社相关事宜——符合，即准备申请材料——通过，即在市场监督（工商行政）管理部门填写《设立登记申请书》——通过，即领取营业执照（五证合一）。

一、合作社成立前的准备

1. 理解农民专业合作社设立的宗旨

（1）依法成立

农民专业合作社的成立要遵守国家法律、法规，依法登记成立，依法管理，在法律规定的范围内开展活动。以《中华人民共和国农民专业合作社法》《农民专业合作社登记管理条例》为成立的原则。

（2）民办、民营、民受益

成立农民专业合作社要以农民为主体，坚持入社自愿、退社自由。农民专业合作社必须实行民主选举、民主管理、民主决策、民主监督、规范运行。农民专业合作社的一切活动都要把维护成员权益、增加成员收入作为出发点和落脚点，千方百计实现合作社成员利益的最大化。

(3) 市场动作与政府扶持相结合

发展农民专业合作社，既要按照市场规律办事，又要积极给予正确引导和政策扶持，做到推动不强迫、参与不包办。发展农民专业合作社不能一哄而上，要在不断总结试点经验的基础上稳步发展。

(4) 依法保护

要加大对农民专业合作社的保护力度，进一步明确农民专业合作社的法律地位，任何单位和个人不得向农民专业合作社乱集资、乱摊派、乱收费，切实保护农民专业合作社的合法权益。

2. 掌握农民专业合作社应当遵循的原则

(1) 成员以农民为主体

农民专业合作社成员的主体是农民，农民至少应当占成员总数的 80%。成员总数 20 人以下的，可以有一个企业、事业单位或者社会组织成员；成员总数超过 20 人的，企业、事业单位和社会组织成员不得超过成员总数的 5%。

(2) 以服务成员为宗旨，谋求全体成员的共同利益

农民专业合作社坚持以服务成员为宗旨，要求农民专业合作社在对成员提供服务的过程中，不以盈利为目的。但是，农民专业合作社对成员不以盈利为目的，对外仍是以利益最大化为目的，在这一点上，农民专业合作社与公司是没有差别的。农民专业合作社只有实现盈余最大化，才能实现合作社的进一步发展，也才能更好地实现成员的互助互利，进一步谋求全体成员的共同利益。农民专业合作社是以成员自我服务为目的而成立的。参加农民专业合作社的成员，都是从事农产品生产、经营或为农业生产经营提供服务或利用农产品者，目的是通过合作互助提高规模效益，完成单个农民办不了、办不好、办了不合算的事。这种互助性特点，决定了它以成员为主要服务对象，决定了"对成员服务不以盈利为目的、谋求全体成员共同利益"的经营原则。

(3) 入社自愿、退社自由

农民专业合作社是互助性经济组织，凡具有民事行为能力的公民，能够利用农民专业合作社提供的服务，承认并遵守农民专业合作社章程，履行章程规定的入社手续，均可以成为农民专业合作社的成员。农民可以自愿加入一个或者多个农民专业合作社，入社不改变家庭承包经营方式；农民也可以自由退出农民专业合作社，但是在退出时，成员应当按照本社章程的规定履行完相关合同，提前提出退社申请，农民专业合作社应当按照章程规定的方式和期限，退还记载在该成员账户内的出资额和公积金份额，并将成员资格终止前的可分配盈余，依法返还给成员。

（4）成员地位平等，实行民主管理

《中华人民共和国农民专业合作社法》从农民专业合作社的组织机构和保证成员对本社的民主管理两个方面作了规定：农民专业合作社成员大会是本社的权力机构，农民专业合作社必须设理事长，也可以根据自身需要设立成员代表大会（成员 150 人以上）、理事会、执行监事或者监事会，聘请经理和其他业务人员；成员可以通过民主程序直接控制本社的生产经营活动。

（5）盈余主要按照成员与农民专业合作社的交易量（额）比例返还

盈余分配方式的不同是农民专业合作社与其他经济组织的重要区别。为了体现盈余主要按照成员与农民专业合作社的交易量（额）比例返还的基本原则，保护一般成员和出资较多成员两个方面的积极性，可分配盈余中按成员与本社的交易量（额）比例返还的总额不得低于可分配盈余的百分之六十，其余部分可以依法以分红的方式按成员在合作社财产中相应的比例分配给成员。

3. 熟悉成立农民专业合作社应当具备的条件

成立农民专业合作社，应当具备下列条件

（1）有 5 名以上符合《中华人民共和国农民专业合作社法》第十九条、第二十条规定的成员

① 具有民事行为能力的公民，以及从事与农民专业合作社业务直接有关的生产经营活动的企业、事业单位或者社会组织，能够利用农民专业合作社提供的服务，承认并遵守农民专业合作社章程，履行章程规定的入社手续的，可以成为农民专业合作社的成员。但是，具有管理公共事务职能的单位不得加入农民专业合作社。农民专业合作社应当置备成员名册，并报登记机关。

② 农民专业合作社的成员中,农民至少应当占成员总数的百分之八十。成员总数二十人以下的,可以有一个企业、事业单位或者社会组织成员;成员总数超过二十人的,企业、事业单位和社会组织成员不得超过成员总数的百分之五。

(2) 有符合《中华人民共和国农民专业合作社法》规定的章程

《中华人民共和国农民专业合作社法》规定农民专业合作社章程应当载明下列事项:①名称和住所;②业务范围;③成员资格及入社、退社和除名;④成员的权利和义务;⑤组织机构及其产生办法、职权、任期、议事规则;⑥成员的出资方式、出资额,成员出资的转让、继承、担保;⑦财务管理和盈余分配、亏损处理;⑧章程修改程序;⑨解散事由和清算办法;⑩公告事项及发布方式;⑪附加表决权的设立、行使方式和行使范围;⑫需要载明的其他事项。

(3) 有符合《中华人民共和国农民专业合作社法》规定的组织机构

农民专业合作社要依法成立相应的农民专业合作社的成员大会或成员代表大会、理事会、监事会等符合规定的组织机构。

(4) 有符合法律、行政法规规定的名称和章程确定的住所

农民专业合作社的名称应当含有"合作社"字样,并符合国家有关企业名称登记管理的规定。

农民专业合作社的住所是其主要办事机构所在地。农民专业合作社只能登记一个住所。

(5) 有符合章程规定的成员出资

农民专业合作社成员可以用货币出资,也可以用实物、知识产权、土地经营权、林权等可以用货币估价并可以依法转让的非货币财产,以及章程规定的其他方式作价出资。但是,法律、行政法规规定不得作为出资的财产除外。

农民专业合作社成员不得以对该社或者其他成员的债权充抵出资;不得以缴纳的出资抵销对该社或者其他成员的债务。不得以劳务、信用、自然人姓名、商誉、特许经营权或者设定担保的财产等作价出资。

成员的出资额以及出资总额应当以人民币表示。成员出资额之和为成员出资总额。

4. 明确农民专业合作社名称登记申请

2019年4月1日市场监管总局发布了取消企业名称预先核准行政许可

事项的通知,通知要求:2019 年 9 月底前全面推行企业名称自主申报,不再发放《企业名称预先核准通知书》。涉及工商登记前置审批事项的,申请人可以向企业登记机关申请企业名称预先登记,经企业登记机关确认予以保留的,在申请人办理企业登记时直接予以登记。农民专业合作社和个体工商户等名称登记参照执行。

取消名称预先核准的目的,第一,可以进一步优化农民专业合作社登记服务,推动建立统一的农民专业合作社名称库和农民专业合作社名称申报系统,并与登记系统无缝衔接。向社会公开农民专业合作社名称库,农民专业合作社既可以通过名称自主申报系统提交符合规则要求的名称,也可以在办理农民专业合作社登记时直接向登记机关提交拟登记的名称。以需求为导向,简化登记程序,优化名称自主申报系统功能,实行"一次性告知",保障农民专业合作社自主选择名称。

第二,可以依法审查农民专业合作社名称登记事项。登记机关在农民专业合作社登记时对名称与其他登记事项一并审查。农民专业合作社名称应当符合法律法规的相关规定,对不符合规定的名称不予登记,并说明理由。不断完善名称禁限用规则,加强名称通用字词的动态管理,提高名称自主申报系统审查的智能化水平,加强对自主申报名称的监督检查。

第三,可以完善企业名称争议处理机制,加强对农民专业合作社名称使用的监督管理。因农民专业合作社名称使用产生争议的,当事人可以向登记机关申请处理,也可以向人民法院提出诉讼。因名称涉嫌引人误认为是他人商品或者与他人存在特定联系等不正当竞争行为的,可以依据《反不正当竞争法》向各地市场监督管理机关或者人民法院申请处理。

二、组织发起

1. 加入农民专业合作社的条件

农民专业合作社虽然实行入社自愿、退社自由,但是想把合作社办好,一般应具备三个条件。

(1) 成员

一般成员应该是从事该领域的农民;企业、事业单位和社会组织,应该从事与该农民专业合作社业务直接相关的生产或经营。无论是一般社成员还是企业、事业单位和社会组织,加入农民专业合作后可以利用农民专业合作社提供的服务,但是必须承认并遵守农民专业合作社章程,履行章程规定的入社手续。

(2) 规模

专业生产应具有一定的规模,无论是种植类合作社还是养殖类合作社,都必须具备一定的规模才能形成"抱团取暖"的优势,如果形不成规模,最终将难以形成商品量,则没有组建合作社的必要。

(3) 区域

可以跨区域成立合作社,这是农民专业合作社有别于社区其他合作组织的方面,农民专业合作社可以跨村镇、跨乡县,甚至跨省吸收成员,需要时还可以成立农民专业合作社联合社。

法律/政策依据

《中华人民共和国农民专业合作社法》第十九条、二十条规定,首先从成员的数量上要有五名以上符合以下条款的成员人数:

① 具有民事行为能力的公民,以及从事与农民专业合作社业务直接有关的生产经营活动的企业、事业单位或者社会组织,能够利用农民专业合作社提供的服务,承认并遵守农民专业合作社章程,履行章程规定的入社手续的,可以成为农民专业合作社的成员。但是,具有管理公共事务职能的单位不得加入农民专业合作社。农民专业合作社应当置备成员名册,并报登记机关。

② 农民专业合作社的成员中,农民至少应当占成员总数的百分之八十。成员总数二十人以下的,可以有一个企业、事业单位或者社会组织成员;成员总数超过二十人的,企业、事业单位和社会组织成员不得超过成员总数的百分之五。

根据《农民专业合作社登记管理条例》第二十二条,农民专业合作社成员发生变更的,应当自本财务年度终了之日起 30 日内,将法定代表人签署的修改后的成员名册报送登记机关备案。其中,新成员入社的还应当提交新成员的身份证明。

2. 农民专业合作社成员享有的权利和承担的义务

（1）成员享有的权利

① 参加成员大会，并享有表决权、选举权和被选举权，按照章程规定对本社实行民主管理；

② 利用本社提供的服务和生产经营设施；

③ 按照章程规定或者成员大会决议分享盈余；

④ 查阅本社的章程、成员名册、成员大会或者成员代表大会记录、理事会会议决议、监理会会议决议、财务会计报告、会计账簿和财务审计报告；

⑤ 章程规定的其他权利。

（2）成员承担的义务

① 执行成员大会、成员代表大会和理事会决议；

② 按照章程规定向本社出资；

③ 按照章程规定与本社进行交易；

④ 按照章程规定承担亏损；

⑤ 章程规定的其他义务。

3. 加入农民专业合作社的程序

① 符合《中华人民共和国农民专业合作社法》和《农民专业合作社管理条例》要求。

② 准备有效证件：加入农民专业合作社的成员应准备好有效证件。农民成员需准备农业人口户口簿、居民身份证、土地承包经营权证、林权证或者村民委员会（居民委员会）出具的身份证明等能够证明其农民身份的证明文件；非农民自然人成员准备居民身份证；企业、事业单位和社会组织成员准备企业营业执照或者其他登记证书。

另外，国有农场、林场、牧场、渔场等企业中实行承包租赁经营、从事农业生产经营或者服务的职工兴办或加入农民专业合作社的，视为农民成员，应当提供居民身份证和承包租赁经营合同或者所在农场、林场、牧场、渔场等出具的职业证明，作为成员身份证明。

③ 仔细阅读填表须知，按照说明要求填写《农民专业合作社成员名册》。

填表须知

单位成员主体资格：符合《农民专业合作社登记管理条例》第十二条规定条件的企业、事业单位或者社会组织，可以成为农民专业合作社的成员。企业、事业单位或者社会组织的分支机构不得作为农民专业合作社的成员。农业植保站、农业技术推广站、畜牧检疫站以及卫生防疫站、水文检测站等具有管理公共事务职能的单位不得成为农民专业合作社成员。

成员类型：分为农民成员、非农民成员和单位成员（企业、事业单位或社会组织）三类。

证件名称及号码：成员为自然人的，填写"居民身份证"及其号码；成员为单位的，填写主体资格证书及其号码。

住所：农民专业合作社成员是自然人的住所为现住所，是企业、事业单位或社会组织成员的为登记证书上载明的住所。

成员身份证明复印件：农民成员应当提交农业人口户口簿复印件，因地方户籍制度改革等原因不能提交农业人口户口簿复印件的，可以提交居民身份证复印件，以及土地承包经营权证、林权证复印件或者村民委员会出具的身份证明。非农民成员应当提交居民身份证复印件。企业、事业单位或者社会组织成员应当提交其登记机关颁发的企业营业执照或者其他登记证书复印件。国有农场、林场、牧场、渔场等企业中实行承包租赁经营、从事农业生产经营或者服务的职工兴办或加入农民专业合作社的，视为农民成员，应当提供居民身份证和承包租赁经营合同或者所在农场、林场、牧场、渔场等出具的职业证明，作为成员身份证明。成员身份证明复印件粘贴处粘贴不下的，可另备页面粘贴。

《农民专业合作社成员名册》写不下的，可另备页面载明。

证件复印件应当注明"与原件一致"，并由本人签名或者单位盖章。

提交文件、证件复印件应当使用 A4 纸。

应当使用钢笔、毛笔或签字笔工整地填写表格或签名。

④《农民专业合作社成员名册》入档保存，作为到市场监督部门申请合作社的材料。

农民专业合作社成员名册

序号 \ 项目	成员姓名或名称	成员类型	成员签字	证件名称及号码	住所
1					
2					
3					
4					
5					
6					
7					
8					

成员总数：（名）
  其中：农民成员 （名），所占比例 ％
  企业、事业单位或社会组织成员 （名），所占比例 ％

本农民专业合作社的成员符合《农民专业合作社登记管理条例》第十二条、第十三条的规定，并对此承诺的真实性承担责任。

  法定代表人签名：

年　月　日

农民专业合作社成员身份证明复印件

成员身份证明复印件粘贴处

（无身份证明复印件可提交农民常住户口卡）

此复印件系原件复印（签字）
年　月　日

知识链接

需注意两个问题：第一，公务员不能够作为农民专业合作社的成员。虽然《中华人民共和国农民专业合作社法》和《农民专业合作社登记管理条例》对此没有明确规定，但是《公务员法》在这方面有限制性的规定。第二，关于组织成员，具有管理公共事务职能的单位，也就是我们通常说的政府部门，不能够加入农民专业合作社。

三、起草农民专业合作社章程

农业部 2007 年 7 月 1 日实施《农民专业合作社示范章程》，2018 年 12 月 17 日农业农村部发布修订后的《农民专业合作社示范章程》。合作社章程一般是由发起人组织拟订，召集筹委会或骨干会员，参照有关示范章程，讨论制定适合自己合作社的章程、财务管理方案以及业务计划。合作社章程是在遵循国家法律法规、政策规定的条件下，由全体成员制定的，并由全体成员共同遵守的行为准则。制定好章程，并按照章程办事，是办好一个合作社的关键。

法律/政策依据

《农民专业合作社法》第十二条第二项也规定，成立农民专业合作社必须有符合农民专业合作社法规定的章程。农民专业合作社的章程要明确其成员的法律地位、权利义务、经营准则、内部机构设置、议事规则等内容；同时章程和《农民专业合作社法》具有同等的效力，并要求全体设立人一致通过。

准备《农民专业合作社示范章程》和《农民专业合作社法》，派遣人员到多个合作社进行参观学习，重点了解合作社成员出资情况、财务制度情况以及盈余分配等环节的规定。根据合作社的实际情况制定适合本合作社的章程。

制定章程需要注意的问题如下。

按照《农民专业合作社法》的规定，合作社章程至少应当载明下列事项：①名称和住所；②业务范围；③成员资格及入社、退社和除名；④成员的权利和义务；⑤组织机构及其产生办法、职权、任期、议事规则；

⑥成员的出资方式、出资额,成员出资的转让、继承、担保;⑦财务管理和盈余分配、亏损处理;⑧章程修改程序;⑨解散事由和清算办法;⑩公告事项及发布方式;⑪附加表决权的设立、行使方式和行使范围;⑫需要载明的其他事项。

农民专业合作社示范章程

本示范章程中的【】内文字部分为解释性规定。农民专业合作社在遵守有关法律法规的前提下,可根据自身实际情况,参照本示范章程制订和修正本社章程。

_____专业合作社章程

【____年____月____日召开设立大会,由全体设立人一致通过。____年____月____日召开成员大会第____次修订通过。】

第一章 总 则

第一条 为促进本社规范运行和持续发展,保护本社及成员的合法权益,增加成员收入,增进成员福利,依照《中华人民共和国农民专业合作社法》和有关法律、法规、政策,制定本章程。

第二条 本社由_____【注:列出全部发起人姓名或名称】等____人发起,于____年____月____日召开设立大会。

本社名称:_____专业合作社,成员出资总额____元,其中,货币出资额____元,非货币出资额____元【注:如有非货币出资请按具体出资内容分别注明,如以土地经营权作价出资××元】。

单个成员出资占比不得超过本社成员出资总额的百分之____。

本社法定代表人:_____【注:理事长姓名】。

本社住所:_____,邮政编码:_____。

第三条 本社以服务成员、谋求全体成员的共同利益为宗旨。成员入社自愿,退社自由,地位平等,民主管理,实行自主经营,自负盈亏,利益共享,风险共担,可分配盈余主要按照成员与本社的交易量(额)比例返还。

第四条 本社以成员为主要服务对象,依法开展以下业务:

(一)农业生产资料的购买、使用;

(二)农产品的生产、销售、加工、运输、贮藏及其他相关服务;

（三）农村民间工艺及制品、休闲农业和乡村旅游资源的开发经营；

（四）与农业生产经营有关的技术、信息、设施建设运营等服务。

【注：根据实际情况填写。上述内容应与市场监督管理部门颁发的农民专业合作社法人营业执照规定的业务范围一致。】

第五条　经成员（代表）大会讨论并决议通过，本社依法发起设立或自愿加入_____农民专业合作社联合社。

第六条　依法向_____公司等企业投资；依法投资兴办____公司。

第七条　经成员（代表）大会讨论并决议通过，本社可以接受与本社业务有关的单位委托，办理代购代销等服务；可以向政府有关部门申请或者接受政府有关部门委托，组织实施国家支持发展农业和农村经济的建设项目；可以按决定的数额和方式参加社会公益捐赠。

第八条　本社及全体成员遵守法律、社会公德和商业道德，依法开展生产经营活动。本社不从事与章程规定无关的活动。

第九条　本社对由成员出资、公积金、国家财政直接补助、他人捐赠以及合法取得的其他资产所形成的财产，享有占有、使用和处分的权利，并以上述财产对债务承担责任。

第十条　本社为每个成员设立成员账户，主要记载该成员的出资方式、出资额、量化为该成员的公积金份额以及该成员与本社的业务交易量（额）。

本社成员以其成员账户内记载的出资额和公积金份额为限对本社承担责任。

第二章　成　员

第十一条　具有民事行为能力的公民，从事与_____【注：业务范围内的主业农副产品名称】业务直接有关的生产经营，能够利用并接受本社提供的服务，承认并遵守本章程，履行本章程规定的入社手续的，可申请成为本社成员。从事与本社_____业务直接有关的生产经营活动的企业、事业单位或者社会组织可申请成为本社成员【注：农民专业合作社可以根据自身发展的实际情况决定是否吸收团体成员】。具有管理公共事务职能的单位不得加入本社。本社成员中，农民成员至少占成员总数的百分之八十。【注：农民专业合作社章程可自主确定入社成员的生产经营规模或经营服务能力等其他条件。】

第十二条　凡符合第十一条规定，向本社理事长或者理事会提交书面入社申请，经成员大会或者成员代表大会表决通过后，即成为本社成员。

第十三条　本社向成员颁发成员证书，并载明成员的出资额。成员证书同时加盖本社财务印章和理事长印鉴。

第十四条　本社成员享有下列权利：

（一）参加成员大会，并享有表决权、选举权和被选举权，按照本章程规定对本社实行民主管理；

（二）利用本社提供的服务和生产经营设施；

（三）按照本章程规定分享本社盈余；

（四）查阅本社章程、成员名册、成员大会或者成员代表大会记录、理事会会议决议、监事会会议决议、财务会计报告、会计账簿和财务审计报告；

（五）对本社理事长、理事、执行监事（监事长）、监事的工作提出质询、批评和建议；

（六）提议召开临时成员大会；

（七）提出书面退社申请，依照本章程规定程序退出本社；

（八）按照本章程规定向本社其他成员转让出资，成员账户内的出资额和公积金份额可依法继承；

（九）成员（代表）大会对拟除名成员表决前，拟被除名成员有陈述意见的机会；

（十）成员共同议决的其他权利。

第十五条　本社成员（代表）大会选举和表决，实行一人一票制，成员各享有一票基本表决权。

出资额占本社成员出资总额百分之＿＿＿以上或者与本社业务交易量（额）占本社总交易量（额）百分之＿＿＿以上的成员，在本社

_____等事项【注：如，设立或加入农民专业合作社联合社、重大财产处置、投资兴办经济实体、对外担保和生产经营活动中的其他事项】决策方面，最多享有____票的附加表决权。【注：可对每类事项规定享有附加表决权的成员条件及享有附加表决权的单个成员可能享有的附加表决权的票数。】本社成员附加表决权总票数，依法不得超过本社成员基本表决权总票数的百分之二十。享有附加表决权的成员及其享有的附加表决权数，在每次成员大会召开时告知出席会议的成员。

第十六条 本社成员承担下列义务：

（一）遵守本社章程和各项规章制度，执行成员（代表）大会和理事会的决议；

（二）按照章程规定向本社出资；

（三）积极参加本社各项业务活动，接受本社提供的技术指导，按照本社规定的质量标准和生产技术规程从事生产，履行与本社签订的业务合同，发扬互助协作精神，谋求共同发展；

（四）维护本社合法利益，爱护生产经营设施；

（五）不从事损害本社及成员共同利益的活动；

（六）不得以其对本社或者本社其他成员的债权，抵销已认购但尚未缴清的出资额；不得以已缴纳的出资，抵销其对本社或者本社其他成员的债务；

（七）承担本社的亏损；

（八）成员共同议决的其他义务。

第十七条 成员有下列情形之一的，终止其成员资格：

（一）要求退社的；

（二）丧失民事行为能力的；

（三）死亡的；

（四）企业、事业单位或社会组织成员破产、解散的；

（五）被本社除名的。

第十八条 成员要求退社的，须在会计年度终了的____个月【注：不得低于三个月】向理事会提出书面声明，办理退社手续。

其中，企业、事业单位或社会组织成员退社的，须在会计年度终了的____个月【注：不得低于六个月】前提出。退社成员的成员资格自该会计年度终了时终止。

第十九条　成员资格终止的，在完成该年度决算后____个月内【注：不应超过三个月】，退还记载在该成员账户内的出资额和公积金份额。如本社经营盈余，按照本章程规定返还其相应的盈余；如本社经营有亏损和债务，扣除其应分摊的亏损金额及债务金额。

成员在其资格终止前与本社已订立的业务合同应当继续履行【注：或依照退社时与本社的约定确定】。

第二十条　成员死亡的，其法定继承人符合法律及本章程规定的入社条件的，可以在____个月内向理事长或者理事会提出书面入社申请，经成员（代表）大会表决通过后，成为本社成员，办理入社手续，依法继承被继承人与本社的债权债务。成员大会或者成员代表大会不同意其法定继承人继承成员资格的，原成员资格因死亡而终止，其成员账户中记载的出资额、公积金份额由其继承人依《继承法》规定继承。

第二十一条　成员有下列情形之一的，经成员（代表）大会表决通过，予以除名：

（一）不遵守本社章程、成员（代表）大会的决议；

（二）严重危害其他成员及本社利益的；

（三）成员共同议决的其他情形。

成员（代表）大会表决前，允许被除名成员陈述意见。

第二十二条　被除名成员的成员资格自会计年度终了时终止。本社对被除名成员，退还记载在该成员账户内的出资额和公积金份额，结清其应承担的本社亏损及债务，返还其相应的盈余所得。因第二十一条第二项被除名的成员须对本社作出相应赔偿。

第三章　组织机构

第二十三条　成员大会是本社的最高权力机构，由全体成员组成。

成员大会行使下列职权：

（一）审议、修改本社章程和各项规章制度；

（二）选举和罢免理事长、理事、执行监事或者监事会成员；

（三）决定成员入社、退社、继承、除名、奖励、处分等事项；

（四）决定成员出资增加或者减少；

（五）审议本社的发展规划和年度业务经营计划；

（六）审议批准年度财务预算和决算方案；

（七）审议批准年度盈余分配方案和亏损处理方案；

（八）审议批准理事会、执行监事或者监事会提交的年度业务报告；

（九）决定重大财产处置、对外投资、对外担保和生产经营活动中的其他重大事项；

（十）对合并、分立、解散、清算以及设立、加入联合社等作出决议；

（十一）决定聘用经营管理人员和专业技术人员的数量、资格和任期；

（十二）听取理事长或者理事会关于成员变动情况的报告；

（十三）决定公积金的提取及使用；

（十四）决定是否设立成员代表大会；

（十五）决定其他重大事项。

第二十四条　本社成员超过一百五十人时，设立成员代表大会，成员代表人数一般为成员总人数的百分之十。本社成员代表为____人。成员代表大会履行本章程第二十三条第____项至第____项规定的成员大会职权。成员代表任期____年，可以连选连任。【注：成员总数超过一百五十人的农民专业合作社可以根据自身发展的实际情况决定是否设立成员代表大会，成员代表最低人数为五十一人。】

第二十五条　本社每年召开____次成员大会【注：每年至少召开一次成员大会】，成员大会由_____【注：理事长或者理事会】负责召集，并在成员大会召开之日前十五日向本社全体成员通报会议内容。

第二十六条　有下列情形之一的,本社在二十日内召开临时成员大会：

（一）百分之三十以上的成员提议；

（二）监事会【注：或者执行监事】提议；

（三）理事会提议；

（四）成员共同议决的其他情形。

理事长【注：或者理事会】不能履行或者在规定期限内没有正当理由不履行召集临时成员大会职责的,监事会【注：或者执行监事】在____日内召集并主持临时成员大会。

第二十七条　成员大会须有本社成员总数的三分之二以上出席方可召开。成员因故不能参加成员大会,可以书面委托其他成员代理发言、表决。一名成员最多只能代理_____名成员。

成员大会选举或者做出决议,须经本社成员表决权总数过半数通过；对修改本社章程,增加或者减少成员出资,合并、分立、解散,设立或加入联合社等重大事项做出决议的,须经本社成员表决权总数的三分之二以上通过【注：可以根据实际情况设置更高表决权比例】。

第二十八条　本社设理事长一名,为本社的法定代表人。理事长任期____年,可连选连任。

理事长行使下列职权：

（一）主持成员大会,召集并主持理事会会议；

（二）签署本社成员出资证明；

（三）组织编制年度业务报告、盈余分配方案、亏损处理报告、财务会计报告；

（四）签署聘任或者解聘本社经理、财务会计人员和其他专业技术人员聘书；

（五）组织实施成员大会、成员代表大会和理事会决议,检查决议实施情况；

（六）代表本社签订合同等；

（七）代表本社参加其所加入的联合社的成员大会；

（八）履行成员大会授予的其他职权。

【注：不设理事会的理事长职权参照本条款及理事会职权】

第二十九条　本社设理事会，对成员大会负责，由____名成员组成【注：理事会成员人数为单数，最少三人】，设副理事长____人。理事会成员任期____年，可连选连任。

理事会行使下列职权：

（一）召集成员（代表）大会并报告工作，执行成员（代表）大会决议；

（二）制订本社发展规划、年度业务经营计划、内部管理规章制度等，提交成员（代表）大会审议；

（三）制定年度财务预决算、盈余分配和亏损弥补等方案，提交成员（代表）大会审议；

（四）决定聘用经营管理人员和专业技术人员的报酬；

（五）组织开展成员培训和各种协作活动；

（六）管理本社的资产和财务，维护本社的财产安全；

（七）接受、答复、处理本社成员、监事会【注：或者执行监事】提出的有关质询和建议；

（八）接受入社申请，提交成员（代表）大会审议；

（九）决定聘任或者解聘本社经理、财务会计人员和其他专业技术人员；

（十）履行成员大会授予的其他职权。

第三十条　理事会会议的表决，实行一人一票。重大事项集体讨论，并经三分之二以上理事同意，方可形成决定，做成会议记录，出席会议的理事在会议记录上签名。理事个人对某项决议有不同意见时，其意见载入会议记录并签名。理事会会议可邀请监事长【注：或者执行监事】、经理和____名成员代表列席，列席者无表决权。

第三十一条　本社设执行监事一名，代表全体成员监督检查理事会和工作人员的工作。执行监事列席理事会会议，并对理事会决议事项提出质询或建议。【注：不设监事会的执行监事职权参照监事会职权】

第三十二条 本社设监事会，由____名监事组成【注：监事会成员人数为单数，最少3人】，设监事长1人，代表全体成员监督检查理事会和工作人员的工作。监事长和监事会成员任期____年，可连选连任。监事长列席理事会会议，并对理事会决议事项提出质询或建议。

监事会行使下列职权：

（一）监督理事会对成员大会决议和本社章程的执行情况；

（二）监督检查本社的生产经营业务情况，负责本社财务审核监察工作；

（三）监督理事长或者理事会成员和经理履行职责情况；

（四）向成员大会提出年度监察报告；

（五）向理事长或者理事会提出工作质询和改进工作的建议；

（六）提议召开临时成员大会；

（七）履行成员大会授予的其他职责。

第三十三条 监事会会议由监事长召集，会议决议以书面形式通知理事会。理事会在接到通知后____日内就有关质询做出答复。

第三十四条 监事会会议的表决实行一人一票。监事会会议须有三分之二以上的监事出席方能召开，做成会议记录，出席会议的监事在会议记录上签名。重大事项的决议须经三分之二以上监事同意方能生效。监事个人对某项决议有不同意见时，其意见载入会议记录并签名。

第三十五条 本社经理由理事会【注：或者理事长】按照成员大会的决定聘任或者解聘，对理事会【注：或者理事长】负责，行使下列职权：

（一）主持本社的生产经营工作，组织实施理事会决议；

（二）组织实施年度生产经营计划和投资方案；

（三）拟订经营管理制度；

（四）聘任其他经营管理人员；

（五）理事会授予的其他职权。

本社理事长或者理事可以兼任经理。

第三十六条　本社现任理事长、理事、经理和财务会计人员不得兼任监事。

第三十七条　本社理事长、理事和管理人员不得有下列行为：

（一）侵占、挪用或者私分本社资产；

（二）违反章程规定或者未经成员大会同意，将本社资金借贷给他人或者以本社资产为他人提供担保；

（三）接受他人与本社交易的佣金归为已有；

（四）从事损害本社经济利益的其他活动；

（五）兼任业务性质相同的其他农民专业合作社的理事长、理事、监事、经理。

理事长、理事和管理人员违反前款第（一）项至第（四）项规定所得的收入，归本社所有；给本社造成损失的，须承担赔偿责任。

第四章　财务管理

第三十八条　本社实行独立的财务管理和会计核算，严格执行国务院财政部门制定的农民专业合作社财务会计制度。

第三十九条　本社依照有关法律、行政法规和政府有关主管部门的规定，建立健全财务和会计制度，实行财务定期公开制度，每月＿＿＿日【注：或者每季度第＿＿＿月＿＿＿日】向本社成员公开会计信息，接受成员的监督。

本社财务会计人员应当具备从事会计工作所需要的专业能力，会计和出纳互不兼任。理事会、监事会成员及其直系亲属不得担任本社的财务会计人员。

第四十条　本社与成员和非成员的交易实行分别核算。成员与本社的所有业务交易，实名记载于各成员的成员账户中，作为按交易量（额）进行可分配盈余返还分配的依据。利用本社提供服务的非成员与本社的所有业务交易，实行单独记账。

第四十一条　会计年度终了时，由理事会【注：或者理事长】按照本章程规定，组织编制本社年度业务报告、盈余分配方案、亏损处理方案以及财务会计报告，于成员大会召开十五日前，置备于办公地点，供成员查阅并接受成员的质询。

第四十二条　本社资金来源包括以下几项：

（一）成员出资；

（二）每个会计年度从盈余中提取的公积金、公益金；

（三）未分配收益；

（四）国家财政补助资金；

（五）他人捐赠款；

（六）其他资金。

第四十三条　本社成员可以用货币出资，也可以用库房、加工设备、运输设备、农机具、农产品等实物、知识产权、土地经营权、林权等可以用货币估价并可以依法转让的非货币财产，以及＿＿＿＿＿＿【注：如还有其他方式，请注明】等方式作价出资，但不得以劳务、信用、自然人姓名、商誉、特许经营权或者设定担保的财产等作价出资。成员以非货币方式出资的，由全体成员评估作价或由第三方机构评估作价、全体成员一致认可。

成员以家庭承包的土地经营权出资入社的，应当经承包农户全体成员同意。通过租赁方式取得土地经营权或者林权的，对合作社出资须取得原承包权人的书面同意。

第四十四条　本社成员认缴的出资额，须在＿＿＿个月内缴清。

第四十五条　以货币方式出资的出资期限为＿＿＿年，以非货币方式作价出资【注：注明具体出资方式，如以土地经营权作价出资】的出资期限为＿＿＿年。

第四十六条　以非货币方式作价出资的成员与以货币方式出资的成员享受同等权利，承担同等义务。

经理事会【注：或者理事长】审核，成员大会讨论通过，成员出资可以转让给本社其他成员。

本社成员不得【注：或者可以，根据实际情况选择】以其依法可以转让的出资设定担保。

第四十七条　为实现本社及全体成员的发展目标需要调整成员出资时，经成员大会讨论通过，形成决议，每个成员须按照成员大会决议的方式和金额调整成员出资。

第四十八条　本社从当年盈余中提取百分之____的公积金,用于扩大生产经营、弥补亏损或者转为成员出资。

本社每年提取的公积金,按照成员与本社业务交易量(额)【注:或者出资额,也可以二者相结合】依比例量化为每个成员所有的份额。

第四十九条　本社从当年盈余中提取百分之____的公益金,用于成员的技术培训、合作社知识教育以及文化、福利事业和生活上的互助互济。其中,用于成员技术培训与合作社知识教育的比例不少于公益金数额的百分之____。

第五十条　本社接受的国家财政直接补助和他人捐赠,均按国务院财政部门制定的农民专业合作社财务会计制度规定的方法确定的金额入账,作为本社的资金(资产),按照规定用途和捐赠者意愿用于本社的发展。在解散、破产清算时,由国家财政直接补助形成的财产,不得作为可分配剩余资产分配给成员,处置办法按照国务院财政部门有关规定执行;接受他人的捐赠,与捐赠者另有约定的,按约定办法处置。

第五十一条　当年扣除生产经营和管理服务成本,弥补亏损、提取公积金和公益金后的可分配盈余,主要按照成员与本社的交易量(额)比例返还,经成员大会决议,按照下列顺序分配:

(一)按成员与本社的业务交易量(额)比例返还,返还总额不低于可分配盈余的百分之六十【注:依法不低于百分之六十,具体年度比例由成员大会讨论决定】;

(二)按前项规定返还后的剩余部分,以成员账户中记载的出资额和公积金份额,以及本社接受国家财政直接补助和他人捐赠形成的财产平均量化到成员的份额,按比例分配给本社成员,并记载在成员个人账户中。

第五十二条　经成员(代表)大会表决同意,可以将本社全部或部分可分配盈余转为成员对本社的出资,并记载在成员账户中。

第五十三条　本社如有亏损,经成员(代表)大会讨论通过,用公积金弥补,不足部分也可以用以后年度盈余弥补。

本社的债务用本社公积金或者盈余清偿,不足部分依照成员个人账户中记载的财产份额,按比例分担,但不超过成员账户中记载的出资额和公积金份额。

第五十四条　监事会【注:或者执行监事】负责本社的日常财务审核监督。根据成员(代表)大会【注:或者理事会】的决定【注:或者监事会的要求】,本社委托_____【注:列明被委托机构的具体名称,该机构应系具有相关资质的社会中介机构】对本社财务进行年度审计、专项审计和换届、离任审计。

第五章　合并、分立、解散和清算

第五十五条　本社与他社合并,须经成员大会决议,自合并决议作出之日起十日内通知债权人。合并后的债权、债务由合并后存续或者新设的农民专业合作社承继。

第五十六条　本社分立,须经成员大会决议,本社的财产作相应分割,并自分立决议作出之日起十日内通知债权人。分立前的债务由分立后的组织承担连带责任。但是,在分立前与债权人就债务清偿达成的书面协议另有约定的除外。

第五十七条　本社因下列原因解散:

(一)因成员变更低于法定人数或比例,自事由发生之日起6个月内仍未达到法定人数或比例;

(二)成员大会决议解散;

(三)本社分立或者与其他农民专业合作社合并后需要解散;

(四)因不可抗力致使本社无法继续经营;

(五)依法被吊销营业执照或者被撤销登记;

(六)成员共同议决的其他情形。

第五十八条　本社因第五十七条第一项、第二项、第四项、第五项、第六项情形解散的,在解散情形发生之日起十五日内,由成员大会推举____名成员组成清算组接管本社，开始解散清算。逾期未能组成清算组时，成员、债权人可以向人民法院申请指定成员组成清算组进行清算。

第五十九条　清算组负责处理与清算有关未了结业务，清理本社的财产和债权、债务，制定清偿方案，分配清偿债务后的剩余财产，代表本社参与诉讼、仲裁或者其他法律程序，并在清算结束后____日内向成员公布清算情况，向登记机关办理注销登记。

第六十条　清算组自成立起十日内通知成员和债权人，并于六十日内在报纸上公告。

第六十一条　本社财产优先支付清算费用和共益债务后，按下列顺序清偿：

（一）与农民成员已发生交易所欠款项；

（二）所欠员工的工资及社会保险费用；

（三）所欠税款；

（四）所欠其他债务；

（五）归还成员出资、公积金；

（六）按清算方案分配剩余财产。

清算方案须经成员大会通过或者申请人民法院确认后实施。本社财产不足以清偿债务时，依法向人民法院申请破产。

第六章　附　则

第六十二条　本社需要向成员公告的事项，采取_____方式发布，需要向社会公告的事项，采取_____方式发布。

第六十三条　本章程由设立大会表决通过，全体设立人签字后生效。

第六十四条　修改本章程，须经半数以上成员或者理事会提出，理事会【注：或者理事长】负责修订。

第六十五条　本章程如有附录（如成员出资列表），附录为本章程的组成部分。

全体设立人签名、盖章：

四、组织召开设立大会

召开设立大会,要有会议纪要,只有召开由全体设立人参加的设立大会之后,农民专业合作社才可能成立。设立大会是农民专业合作社的一个重要会议,根据《农民专业合作社法》的规定,设立大会要做以下事项:首先,由全体成员一致通过本社章程。其次,建立组织结构形成会议纪要,选举出理事长、监事长、理事会成员、监事会成员等。最后,审议其他重大事项。由于每个农民专业合作社的情况都有所不同,需要在设立大会上讨论通过的事项也有所不同,所以《农民专业合作社法》为设立大会的职权做了弹性规定,以符合实际工作的需要。

1. 通过合作社章程

起草好合作社章程,组织所有成员,准备成员或成员代表大会场所、纸张、黑色圆珠笔,准备组织机构人员任命书,准备农民专业合作社设立大会纪要范本。设立人有企业、事业单位或者社会组织成员的,准备单位公章。

2. 建立合作社组织机构

农民专业合作社组织机构是依法设立的农民专业合作社开展经营活动并进行内部管理的组织保障,包括权力机构,即成员大会或者成员代表大会;执行机构,即理事长和理事会;监督机构,即执行监事或者监事会。

为方便合作社的经营,提高合作社的效益,农民专业合作社可以聘任经理和财务会计人员,负责具体的经营事务和财务会计工作。对经理和财会人员的聘任要以成员大会的决定为依据,由理事长或者理事会选聘。为了减少管理者,减轻成员负担,提高合作社的运行效率,理事长或者理事可以兼任经理。

最简单的组织结构如下:

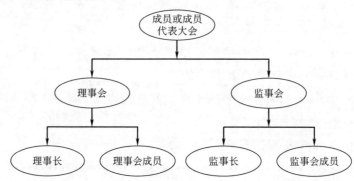

案例 成立农民专业合作社组织机构

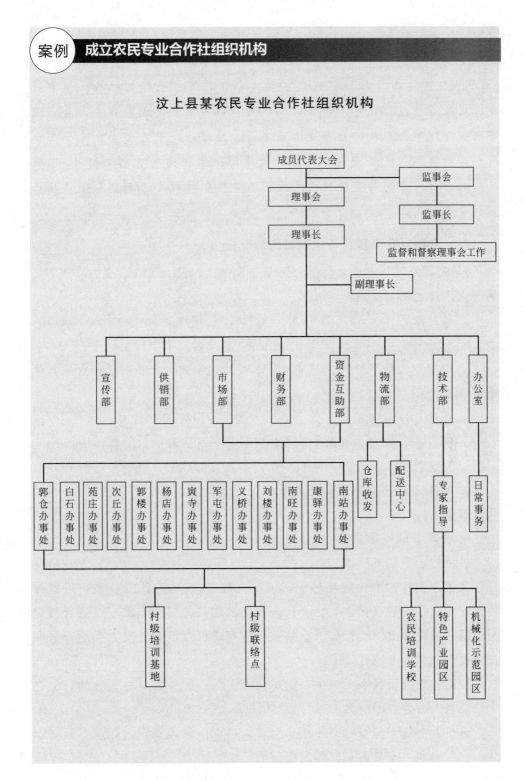

法律/政策依据

《农民专业合作社法》规定了农民专业合作社的组织机构。该法规定,农民专业合作社可以设置以下机构:成员大会、成员代表大会、理事长或者理事会、执行监事或者监事会、经理等。但是由于农民专业合作社的规模不同、经营内容不同,设立的组织机构也不完全相同,《农民专业合作社法》对某些机构的设置不是强制性规定,而要由合作社根据需要自行设立。

(1) 农民专业合作社各组织机构的职权

① 成员大会 成员大会是农民专业合作社的权力机构,按法律规定必须设立。其主要职权是:

a. 修改章程;

b. 选举和罢免理事长、理事、执行监事或者监事会成员;

c. 决定重大财产处置、对外投资、对外担保和生产经营活动中的其他重大事项;

d. 批准年度业务报告、盈余分配方案、亏损处理方案;

e. 对合并、分立、解散、清算以及设立、加入联合社等作出决议;

f. 决定聘用经营管理人员和专业技术人员的数量、资格和任期;

g. 听取理事长或者理事会关于成员变动情况的报告,对成员的入社、除名等作出决议;

h. 公积金的提取及使用;

i. 章程规定的其他职权。

如果合作社的组织规模较大,成员人数较多(超过150人),可以按照章程规定设立成员代表大会。代表大会的职权范围应当以本社章程规定为依据。通常情况下,代表大会按照章程规定可以行使成员大会的部分职权,也可以是全部职权。

依法设立成员代表大会的,成员代表人数一般为成员总人数的百分之十,最低人数为五十一人。

成员大会每年至少召开1次,会议的召集由章程规定。如遇下列情形之一,应当在二十日内召开临时成员大会。

a. 百分之三十以上的成员提议；

b. 执行监事或监事会提议；

c. 理事会认为有必要的。

d. 章程规定的其他情形。

成员大会应当有三分之二以上成员出席方可召开。成员因故不能到会，可书面委托其他成员代理，一个成员最多只能代理两名成员。各项决议须有出席会议的三分之二以上的成员同意，方可生效。

② 理事会（执行理事）

a. 组织召开成员大会，执行成员大会决议；

b. 向成员大会提交需讨论审议的章程、制度、工作计划等有关事项；

c. 讨论决定内部业务机构的设置及其负责人的任免；

d. 讨论决定入社、退社、除名和继承；

e. 讨论决定对成员与职工的工资、奖励和处分；

f. 根据本社发展需要为成员提供各项服务；

g. 聘用或解雇本社职员；

h. 管理本社的资产和财务；

i. 履行章程和成员大会授予的其他职责。

理事会议每年至少召开2次。每次会议须有三分之二以上理事出席方能召开，召开理事会议由理事长主持，应邀请监事长（或监事代表）列席，必要时可邀请成员代表列席。列席者无表决权。理事个人对某项决议有不同意见时，须将其意见记入会议记录。

③ 理事长

a. 主持本社的日常工作，负责召开理事会议；

b. 根据成员大会和理事会的决定，组织实施年度生产经营计划和生产、经营、服务活动；

c. 组织拟订本社内部业务机构和各项制度；

d. 代表本社对外签订合同、协议和契约；

e. 提请聘请或者解聘本社财务人员和其他管理人员；

f. 组织落实本社的各项任务；

g. 履行成员章程和理事会授予的其他职责。

④ 监事会（监事）

a. 监督理事会对成员大会决议和本社章程的执行情况；

b. 监督检查本社的生产经营业务和财务收支及盈余分配情况；

c. 监督成员履行义务情况；

d. 向成员大会提出工作报告；

e. 派代表列席理事会议，向理事会提出工作建议；

f. 提议临时召开成员大会；

g. 履行成员大会授予的其他职责。

(2) 农民专业合作社对各组织机构人员及其他管理人员的基本要求

为防止组织管理人员滥用职权，特规定如下行为为负责人滥用职权行为范畴：

① 侵占、挪用或私分本社资产；

② 违反本社章程规定或者未经成员大会同意，将本社资金借贷给他人或用本社资产为他人提供担保；

③ 接受他人与本社交易的佣金归为己有；

④ 从事损害本社经济利益的其他活动。

法律从以上方面对管理者的行为做出了禁止性的规定。如果理事长、理事和管理人员违反以上规定，其从事该活动所得的收入，应当归本社所有；给本社造成损失的，应当承担赔偿责任。

任命书

根据本社设立大会决议，任命 _____ 为本社理事长。任命 _____ 为本社理事。任命 _____ 为本社监事。

设立人签名（盖章）：

×年×月×日

农民专业合作社设立大会纪要（示范文本）

根据《中华人民共和国农民专业合作社法》和有关法律、法规、政策，由_____等____名成员发起设立农民专业合作社。本社于____年____月____日召开设立大会，所作出的决议经全体发起人表决一致通过。决议事项如下：

1. 同意设立专业合作社。
2. 同意通过本专业合作社章程（由全体设立人签名或盖章）。
3. 同意本专业合作社住所为：____。
4. 同意本合作社业务范围为：____。（具体以登记机关核定为准）
5. 同意本合作社成员出资总额为：____元。（成员具体出资情况见出资清单）
6. 同意选举____为理事长（法定代表人）；选举____为副理事长；选举____为理事；选举____为监事长；选举____为监事。
7. 同意____、____等人成为本合作社的成员。（具体名单见成员名册）
8. 同意指定（委托）____为全体成员指定代表（共同委托代理人）到市场监督管理部门办理合作社设立登记手续。

全体设立人：（签名或盖章）

年　月　日

说明（对填写农民专业合作社设立大会纪要的说明）：

1. 本范本适用于农民专业合作社的设立登记。农民专业合作社设立登记应当提交设立大会纪要。
2. 农民专业合作社召开设立大会，应由全体设立人参加。
3. 设立大会纪要由全体设立人签名、盖章。设立人为自然人的，由其签名；设立人为企业、事业单位或者社会组织成员的，由单位盖公章。

知识链接

大会表决方式：合作社与公司本质的区别

农民专业合作社成员大会表决实行一人一票方式，也可以按交易额与投资额结合实行一人多票方式，但单个成员拥有的表决权最多不得超过总表决权的百分之二十。

五、准备相关登记注册文件、登记注册并领取执照

1. 准备相关登记注册文件、登记注册

首先,到市场监督管理部门申请登记,并领取《农民专业合作社设立登记申请书》等有关表格;其次,认真阅读并填写相关表格;第三,准备好登记提交文件目录,包括农民专业合作社登记申请书、全体创办人签名盖章的大会纪要、全体创办人签名盖章的章程、法定代表人和理事的任职文件及身份证明、出资成员签名盖章的出资清单、住所使用证明;最后,准备自然人以外的设立人的公章、签字笔。

另外,如果申请登记的业务范围中有法律、行政法规和国务院规定必须在登记前报经批准的项目,应当提交有关的许可证书或者批准文件复印件。

温馨提示

成员是否全部都要出资?怎么出资?出多少资才可以入社;这些应该由合作社章程作出具体的规定,并最终要经成员大会一致同意。《农民专业合作社法》准许农民专业合作社成员的出资形式:货币或者可以用货币估价并可以依法转让的非货币财产,如实物、知识产权、土地经营权、林权等,以及章程规定的其他方式作价出资,但法律、行政法规规定不得作为出资的财产除外。

法律/政策依据

《农民专业合作社法》规定,成员的出资方式和出资额,载明于农民专业合作社章程。那么符合章程规定的成员出资,包括两个方面的含义:第一,设立农民专业合作社,成员是否出资由合作社章程规定;第二,成员以何种方式出资及出资数额,必须符合章程规定的要求。不符合章程规定的成员出资,经市场监督管理部门核实后,将不予登记。

农民专业合作社设立登记申请书

名称	
备选名称 （请选用不同字号）	1. 2.
住所	邮政编码　　　　　　联系电话
成员出资总额	万（元）
业务范围	
法定代表人姓名	

成员总数：＿＿（名）
其中，农民成员：＿＿（名），所占比例：＿＿％
企业、事业单位或社会组织成员：＿＿（名），所占比例：＿＿％

本农民专业合作社依照《中华人民共和国农民专业合作社法》《中华人民共和国农民专业合作社登记管理条例》设立，提交文件材料真实有效。谨对真实性承担责任。

法定代表人签名：×××

×年×月×日

农民专业合作社法定代表人登记表

姓名	×××	联系电话	××××××
现住所	×××××××	邮政编码	××××××
居民身份证号码	××××××××××××		

（身份证复印件粘贴处）

《中华人民共和国农民专业合作社法》第三十七条规定："农民专业合作社的理事长、理事、经理不得兼任业务性质相同的其他农民专业合作社的理事长、理事、监事、经理。"第三十八条规定："执行与农民专业合作社业务有关公务的人员，不得担任农民专业合作社的理事长、理事、监事、经理或者财务会计人员。"

本人符合《中华人民共和国农民专业合作社法》第三十七条、第三十八条的规定，并对此承诺的真实性承担责任。

法定代表人签名：×××

×年×月×日

填写农民专业合作社设立登记表及登记申请书说明：

(1) 申请设立农民专业合作社应当依照《农民专业合作社登记管理条例（修订草案征求意见稿）》第十一条的规定向其住所所在地登记机关提交有关文件（详见申请书内《农民专业合作社设立登记提交文件目录》）。

(2) 农民专业合作社名称依次由行政区划、字号、行业、组织形式组成。名称中的行政区划是指农民专业合作社住所所在地的县级以上（包括市辖区）行政区划名称。名称中的字号应当由2个以上的汉字组成，可以使用农民专业合作社成员的姓名作字号，不得使用县级以上行政区划名称作字号。名称中的行业用语应当反映农民专业合作社的业务范围或者经营特点。名称中的组织形式应当标明"专业合作社"字样。

(3) 住所使用证明：农民专业合作社以成员自有场所作为住所的，应当提交该社有权使用的证明和场所的产权证明；租用他人场所的，应当提交租赁协议和场所的产权证明；因场所在农村没有房管部门颁发的产权证明的，可提交场所所在地村委会出具的证明。填写住所应当标明住所所在县（市、区）、乡（镇）及村、街道的门牌号码。

(4) 农民专业合作社申请登记的业务范围中有法律、行政法规和国务院决定规定必须在登记前报经批准的项目，应当提交有关的许可证书或者批准文件复印件。

(5) 农民专业合作社设立时自愿成为该社成员的人为设立人。

(6) 提交文件、证件复印件应当使用A4纸。

(7) 应当使用钢笔、毛笔或签字笔工整地填写表格或签名。

(8) 以上需设立人或出资成员签署的，设立人或出资成员为自然人的由本人签名；自然人以外的设立人加盖公章。

农民专业合作社成员出资清单

序号\项目	出资成员姓名或名称	出资方式	出资额/元	出资成员签名或盖章

成员出资总额：____（万元）

法定代表人签名：

年　月　日

农民专业合作社成员名册

序号 \ 项目	成员姓名或名称	证件名称及号码	住所	成员类型
1				
2				
3				
4				
5				
6				
7				
8				
9				
10				
11				
12				

成员总数：____（名）

其中，农民成员：____（名），所占比例：____%

  非农民自然人成员：____（名），所占比例：____%

  企业、事业单位或社会组织成员：____（名），所占比例：____%

  本农民专业合作社的成员符合《农民专业合作社登记管理条例》第十三条、第十四条的规定，并对此承诺的真实性承担责任。

  法定代表人签名：

年 月 日

农民专业合作社成员身份证明复印件

（成员身份证明复印件粘贴处）	（成员身份证明复印件粘贴处）
（成员身份证明复印件粘贴处）	（成员身份证明复印件粘贴处）

续表

（成员身份证明复印件粘贴处）	（成员身份证明复印件粘贴处）
（成员身份证明复印件粘贴处）	（成员身份证明复印件粘贴处）
（成员身份证明复印件粘贴处）	（成员身份证明复印件粘贴处）

指定代表或者委托代理人的证明

指定代表或者委托代理人姓名：

指定代表或委托代理人的权限：

同意 □　不同意 □　修改有关表格的填写错误。

指定或者委托的有效期限：自____年____月____日至____年____月____日

指定代表或委托代理人联系电话	固定电话：
	移动电话：

（指定代表或委托代理人身份证复印件粘贴处）

委托人（全体设立人□　法定代表人□　清算组全体成员 □）签名或盖章：

　　　　　　　　　　　　　　　　　　　　　　　　　年　　月　　日

注：1. 指定代表或者委托代理人的权限按授权内容自行填写，主要包括：设立登记、变更登记、注销登记或备案等；指定代表或者委托代理人更正有关材料的权限，选择"同意"或"不同意"并在□中打√。

2. 在选择的委托人类型□中打√；委托人是自然人的，由其签名；委托人是法人的，由其盖章。

3. 指定代表或者委托代理人证件复印件应当注明"与原件一致"，并由本人签名或者单位盖章。

4. 委托人签名、盖章写不下的，可另备页面签名、盖章。

特别提示：经办人为法定代表人的，不必向登记机关提交此证明。

农民专业合作社设立登记提交文件目录

序号	文件名称	份数	说明
1	法定代表人签署的农民专业合作社设立登记申请书		原件
2	全体设立人签名、盖章的设立大会纪要		原件
3	全体设立人签名、盖章的章程		原件
4	法定代表人、理事的任职文件		原件
	法定代表人、理事的身份证明		出示原件
5	全体出资成员签名、盖章的出资清单		原件
6	法定代表人签署的成员名册		原件
	成员身份证明复印件		出示原件
7	住所使用证明		
8	指定代表或者委托代理人的证明		原件
9	名称预先核准通知书		原件
10	登记前置许可文件(业务范围涉及前置许可的须提交)		出示原件
…	…		

注:经办人为全体设立人指定代表或者委托代理人。

经办人签名: 年 月 日

2. 领取营业执照

20日内领取合作社法人营业执照。根据《农民专业合作社法》和《中华人民共和国行政许可法》的规定,申请人提交的设立登记申请材料齐全、符合法定规定,登记机关如果能够当场登记的,应予以当场登记,发给营业执照。如有其他情形,登记机关应当自受理申请之日起20日内,做出是否给予登记的决定。予以登记的,应当发给营业执照;不予登记的,应当给出书面答复,并说明理由。申请人对登记机关不予登记行为不服的,可在法定期限内向有关行政机关申请行政复议或直接向人民法院提起行政诉讼。申请农民专业合作社登记,申请人可以到登记机关提交申请,也可以通过信函、电报、电传、传真、电子数据交换和电子邮件等方式提出申请。

法律/政策依据

《农民专业合作社法》第十七条规定　农民专业合作社应当按照国家有关规定,向登记机关报送年度报告,并向社会公示。

《农民专业合作社法》第十八条规定　农民专业合作社可以依法向公司等企业投资,以其出资额为限对所投资企业承担责任。

《农民专业合作社登记管理条例(修订草案征求意见稿)》第三十二条规定　农民专业合作社应当依法通过国家企业信用信息公示系统,向社会公示相关信息。

《农民专业合作社登记管理条例(修订草案征求意见稿)》第三十三条规定　纸质营业执照分为正本和副本,正本和副本具有同等法律效力。正本应当置于农民专业合作社住所的醒目位置。

国家推行电子营业执照。电子营业执照与纸质营业执照具有同等法律效力,应当依法在经营活动中以适当方式展示。

《农民专业合作社登记管理条例(修订草案征求意见稿)》第三十四条规定　营业执照遗失或者毁损的,应当在国家企业信用信息公示系统上声明作废,并向登记机关申请补领或更换。

任何单位和个人不得伪造、涂改、出租、出借、转让营业执照。

温馨提示

农民专业合作社连续两年未从事经营活动的,吊销其营业执照;按照国家有关规定,应向登记机关报送年度报告,并向社会公示。

知识链接

农民专业合作社联合社的成立条件和管理办法

1. 三个以上的农民专业合作社在自愿的基础上,可以出资设立农民专业合作社联合社。

农民专业合作社联合社应当有自己的名称、组织机构和住所,由联合社全体成员制定并承认的章程,以及符合章程规定的成员出资。

2. 农民专业合作社联合社依照《农民专业合作社法》登记,取得法人资格,领取营业执照，登记类型为农民专业合作社联合社。

3. 农民专业合作社联合社以其全部财产对该社的债务承担责任；农民专业合作社联合社的成员以其出资额为限对农民专业合作社联合社承担责任。

4. 农民专业合作社联合社应当设立由全体成员参加的成员大会，其职权包括修改农民专业合作社联合社章程，选举和罢免农民专业合作社联合社理事长、理事和监事，决定农民专业合作社联合社的经营方案及盈余分配，决定对外投资和担保方案等重大事项。

农民专业合作社联合社不设成员代表大会，可以根据需要设立理事会、监事会或者执行监事。理事长、理事应当由成员社选派的人员担任。

5. 农民专业合作社联合社的成员大会选举和表决，实行一社一票。

6. 农民专业合作社联合社可分配盈余的分配办法，按照《农民专业合作社法》规定的原则由农民专业合作社联合社章程规定。

7. 农民专业合作社联合社的住所是其主要的办事机构所在地，可以与其成员使用同一住所，由住所所在地的县级市场监督管理部门、直辖市的区县市场监督管理部门登记。联合社以其成员住所为主要办事机构的，应当提交该成员同意使用的证明文件。

8. 农民专业合作社联合社成员退社，应当在会计年度终了的六个月前以书面形式向理事会提出。退社成员的成员资格自会计年度终了时终止。由于成员退社，使成员数低于联合社设立的法定条件的，应当自事由发生之日起六个月内采取吸收新的农民专业合作社成员入社等方式使农民专业合作社联合社成员达到法定条件。

9. 对农民专业合作社联合社没有规定的，适用《农民专业合作社法》关于农民专业合作社的规定。

案例　金乡供销某联合社

金乡供销某联合社，成立于 2014 年 11 月，总部位于山东省济宁市金乡县化雨镇淳集开发区。联合社由国家级示范合作社——金乡县某种植专业合作社发起组建，下辖 19 家农民合作社、1 家农产品进出口贸易公司、2 家农业发展公司、1 家综合性肥料生产厂、1 家为农服务中心、2 家电商公司、2 家物流仓储服务公司。截至 2020 年 3 月，在金乡县 11 个镇街设立为农服务网点 13 处，村社共建服务站 268 个，村级农民助理员 400 余名，成员农户达到 26000 余户，服务范围遍及金乡县各镇街。现有员工 150 名，其中农技师 8 名、农技人员 20 名、无人机飞手 20 余名。主营业务：农技服务、统防统治、农资供应、农村合作金融、农村电商、植保飞防、特色种植、保险业务、冷藏加工、肥料生产等。

联合社成员涵盖了生产、加工、冷藏、存储、运输、销售等各个环节,并且围绕优势产业,将上、下游各成员合作社和农资生产供应、农产品加工流通等企业整合在一起,在农技服务、大田托管、规模化购销、统防统治、冷藏加工等方面协同发展。通过新模式,既增强了合作社的发展能力,也加快了现代农业建设步伐。

联合社始终坚持"合作发展、服务三农"的宗旨,按照"联合社+合作社+公司+基地+农户"的发展模式,与成员农户建立长期的合作关系,形成长期利益联结机制,共同闯市场,共寻致富路。成立至今,企业先后荣获省级示范社、国家级示范社、国家级先进集体、市级农业产业化龙头企业等荣誉称号。

目前,联合社主动融入乡村振兴战略,努力朝着农业现代化、产业融合化、企业集团化、管理科学化方向发展。依托联合社平台,加强基地建设,拉伸产业链条,做大做强实体经济,扩大服务范围,为金乡的现代化建设贡献自己的力量。

某合作社组织架构图

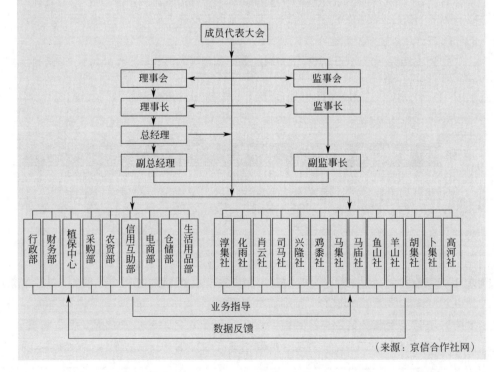

(来源:京信合作社网)

案例解析

金乡供销某联合社是由理事长通过发起合作社——金乡县某种植专业合作社，联合其他18家农民专业合作社与9家相关公司于一体成立的联合社，联合社经营模式为"联合社＋合作社＋公司＋基地＋农户"，经营范围囊括农业的上游、中游及下游整个产业链，涵盖生产、加工、冷藏、存储、运输、销售、技术服务等各个环节。

依托联合社平台，使各合作社及涉农服务的公司融入乡村振兴战略，进一步发展现代农业与智慧农业，加快金乡的农业发展。

农民专业合作社联合社示范章程

本示范章程中的【】内文字为解释性规定。农民专业合作社联合社在遵守有关法律法规的前提下，可根据自身实际情况，参照本示范章程制订和修订本社章程。

_____专业合作社联合社章程

【____年____月____日召开设立大会，由全体设立人一致通过。____年____月____日召开成员大会第____次修订通过。】

第一章　总　则

第一条　为促进本社规范运行和持续发展，保护本社及成员社的合法权益，增加成员社收入，增进成员社成员福利，依照《中华人民共和国农民专业合作社法》和有关法律、法规、政策，制定本章程。

第二条　本社由_____【注：列出全部发起人名称】等____个【注：三个以上】农民专业合作社发起，于____年____月____日召开设立大会。

本社名称：_____专业合作社联合社，成员出资总额____元，其中货币出资额____元，非货币出资额____元【注：如有非货币出资请按具体出资内容分别注明，如以土地经营权作价出资××元】。

单个成员社出资占比不得超过本社成员出资总额的百分之____。

本社法定代表人：_____【注：理事长姓名】。

本社住所：_____，邮政编码：_____。

第三条　本社成员均为农民专业合作社。本社以服务成员社、谋求全体成员社的共同利益为宗旨。成员入社自愿，退社自由，地位平等，民主管理，实行自主经营，自负盈亏，利益共享，风险共担，可分配盈余主要按照成员社与本社的交易量（额）比例返还。

第四条　本社成立的目的是扩大生产经营和服务规模，发展产业化经营，提高市场竞争力，不影响成员社依法享有的独立的经营权。本社以成员社为主要服务对象，依法开展以下业务：

（一）农业生产资料的购买、使用；

（二）农产品生产、销售、加工、运输、贮藏及其他相关服务；

（三）农村民间工艺及制品、休闲农业和乡村旅游资源的开发经营；

（四）与农业生产经营有关的技术、信息、设施建设运营等服务。

【注：根据实际情况填写，业务内容应与市场监督管理部门颁发的农民专业合作社联合社法人营业执照规定的业务范围一致。】

第五条　经成员大会表决通过，本社依法向公司等企业投资；依法投资兴办_____公司。

第六条　经成员大会讨论并决议通过，本社可以接受与本社业务有关的单位委托，办理代购代销、代理记账等服务；可以向政府有关部门申请或者接受政府有关部门委托，组织实施国家支持发展农业和农村经济的建设项目；可以按决定的数额和方式参加社会公益捐赠。

第七条　本社及全体成员社遵守法律、社会公德、商业道德，诚实守信，依法开展生产经营活动。本社不从事与本章程规定无关的活动。

第八条　本社对由成员出资、公积金、国家财政直接补助、他人捐赠以及合法取得的其他资产所形成的财产，享有占有、使用和处分的权利，并以上述全部财产对本社的债务承担责任。

第九条　本社为每个成员社设立成员账户，主要记载该成员社的出资额、量化为该成员社的公积金份额以及该成员社与本社的交易量（额）。

成员社以其成员账户内记载的出资额为限对本社承担责任。

第二章 成 员

第十条 依照农民专业合作社法登记，取得农民专业合作社法人资格，从事_____【注：业务范围内的主业农副产品名称】生产经营，能够利用并接受本社提供的服务，承认并遵守本章程，履行本章程规定的入社手续的农民专业合作社，可申请成为本社成员。【注：农民专业合作社联合社章程可自主确定入社成员的生产经营规模或经营服务能力等其他条件】

第十一条 凡符合第十一条规定，向本社理事长【注：或者理事会】提交书面入社申请，经成员大会表决通过后，即成为本社成员。

第十二条 本社向成员社颁发成员证书，并载明成员社的出资额。成员证书同时加盖本社财务印章和理事长印鉴。

第十三条 本社成员社享有下列权利：

（一）参加成员大会，并享有表决权、选举权和被选举权，按照本章程规定对本社实行民主管理；

（二）利用本社提供的服务和生产经营设施；

（三）按照本章程规定分享盈余；

（四）查阅本社的章程、成员名册、成员大会记录、理事会会议决议、监事会会议决议、财务会计报告、会计账簿和财务审计报告；

（五）对本社理事长、理事、监事长、监事的工作提出质询、批评和建议；

（六）提议召开临时成员大会；

（七）提出书面退社声明，依照本章程规定程序退出本社；

（八）向本社其他成员社转让全部或部分出资；

（九）成员大会对拟除名成员社表决前，拟被除名成员社有陈述意见的机会；

（十）成员社共同议决的其他权利。

第十四条 本社成员社承担下列义务：

（一）遵守本社章程和各项规章制度，执行成员大会和理事会的决议；

（二）按照本章程规定向本社出资；

（三）积极参加本社各项业务活动，接受本社提供的技术指导，按照本社规定的质量标准和生产技术规程从事生产，履行与本社签订的业务合同，发扬互助协作精神，谋求共同发展；

（四）维护本社合法利益，爱护生产经营设施；

（五）不从事损害本社成员社共同利益的活动；

（六）不得以其对本社或者本社其他成员社的债权，抵销已认购但尚未缴清的出资额；不得以已缴纳的出资，抵销其对本社或者本社其他成员社的债务；

（七）承担本社的亏损；

（八）成员社共同议决的其他义务。

第十五条 成员社有下列情形之一的，终止其成员资格：

（一）要求退社的；

（二）成员社破产、解散的；

（三）被本社除名的。

第十六条 成员社要求退社的，须在会计年度终了_____个月前【注：不得低于六个月】向理事会提出书面声明，办理退社手续。退社成员的成员资格自该会计年度终了时终止。

第十七条 成员资格终止的，在完成该年度决算后_____个月内【注：不应超过三个月】，退还记载在该成员账户内的出资额和公积金份额。如本社经营盈余，按照本章程规定返还其相应的盈余所得；如经营亏损，扣除其应分摊的亏损金额及债务金额。

成员社在其资格终止前与本社已订立的业务合同应当继续履行【注：或依照退社时与本社的约定确定】。

第十八条 成员社有下列情形之一的，经成员大会表决通过，予以除名：

（一）不遵守本章程、成员大会决议的；

（二）严重危害其他成员社及本社利益的；

（三）成员社共同议决的其他情形。

成员大会表决前，允许被除名成员社陈述意见。

第十九条 被除名成员社的成员资格自会计年度终了时终止。本社对被除名成员社，退还记载在该成员账户内的出资额和公积金份额，结清其应承担的本社亏损及债务，返还其相应的盈余所得。因第十八条第二项被除名的成员社须对本社作出相应赔偿。

第三章 组织机构

第二十条 成员大会是本社的最高权力机构，由全体成员社组成。

成员大会行使下列职权：

（一）审议、修改本社章程和各项规章制度；

（二）选举和罢免理事长、理事、执行监事【注：或者监事长、监事】；

（三）决定成员入社、除名等事项；

（四）决定成员出资增加或者减少；

（五）审议本社的发展规划和年度业务经营计划；

（六）审议批准年度财务预算和决算方案；

（七）审议批准年度盈余分配方案和亏损处理方案；

（八）审议批准理事会【注：或者理事长】、监事会【注：或者执行监事】提交的年度业务报告；

（九）决定重大财产处置、对外投资、对外担保和生产经营活动中的其他重大事项；

（十）对合并、分立、解散、清算等作出决议；

（十一）决定聘用经营管理人员和专业技术人员的数量、资格和任期；

（十二）听取理事会【注：或者理事长】关于成员社变动情况的报告；

（十三）决定公积金的提取及使用；

（十四）决定其他重大事项。

第二十一条　本社每年召开_____次成员大会【注：至少于会计年度末召开一次】。成员大会由理事会【注：或者理事长】负责召集，并在成员大会召开之日前十五日向全体成员社通报会议内容。

第二十二条　有下列情形之一的，本社在二十日内召开临时成员大会：

（一）百分之三十以上的成员社提议；

（二）监事会【注：或者执行监事】提议；

（三）理事会提议；

（四）成员社共同议决的其他情形。

理事会【注：或者理事长】不能履行或者在规定期限内没有正当理由不履行职责召集临时成员大会的，监事会【注：或者执行监事】在____日内召集并主持临时成员大会。

第二十三条　本社成员大会选举和表决，实行一社一票，成员社各享有一票表决权。

第二十四条　成员大会须有本社成员社总数的三分之二以上出席方可召开。成员社因故不能参加成员大会，可以书面委托其他成员社代理发言和表决。一个成员社最多只能代理____个成员社表决。

成员大会选举或者做出决议,须经本社成员社表决权总数过半数通过;对修改本社章程,增加或者减少成员出资,合并、分立、解散等重大事项做出决议的,须经成员社表决权总数三分之二以上通过。【注:可以根据实际情况设置更高表决权比例】

第二十五条 本社设理事长一名,为本社的法定代表人。理事长从成员社选派的理事候选人中产生,任期____年,可连选连任。

理事长行使下列职权:

(一)主持成员大会,召集并主持理事会会议;

(二)签署本社成员出资证明;

(三)签署聘任或者解聘本社经理、财务会计人员聘书;

(四)组织实施成员大会和理事会决议,检查决议实施情况;

(五)代表本社签订合同等;

(六)履行成员大会授予的其他职权。

【注:不设理事会的理事长职权参照本条款及理事会职权】

第二十六条 本社设理事会,对成员大会负责,由____名理事组成【注:理事会成员人数为单数,最少三人】,设副理事长____名。理事任期____年,可连选连任。本社理事从成员社选派的理事候选人中产生。

理事会行使下列职权:

(一)组织召开成员大会并报告工作,执行成员大会决议;

(二)制订本社发展规划、年度业务经营计划、内部管理规章制度等,提交成员大会审议;

(三)制定年度财务预决算、盈余分配和亏损弥补等方案,提交成员大会审议;

(四)组织开展成员社培训和各种协作活动;

(五)管理本社的资产和财务,维护本社的财产安全;

(六)接受、答复、处理本社成员社、监事会【注:或者执行监事】提出的有关质询和建议;

(七)接受入社申请,提交成员大会审议;

(八)决定成员退社、奖励、处分等事项;

(九)决定聘任或者解聘本社经理、财务会计人员;

(十)履行成员大会授予的其他职权。

第二十七条 理事会会议的表决，实行一人一票。重大事项集体讨论，并经三分之二以上理事同意，方可形成决定，作成会议记录，出席会议的理事在会议记录上签名。理事个人对某项决议有不同意见时，其意见记入会议记录并签名。理事会会议邀请监事长【注：或者执行监事】、经理和＿＿名成员社代表列席，列席者无表决权。

第二十八条 本社设执行监事一名，代表全体成员社监督检查理事会【注：或者理事长】和工作人员的工作。执行监事列席理事会会议，并对理事会决议事项提出质询和建议。执行监事从成员社选派的监事候选人中产生。

【注：不设监事会的执行监事职权参照监事会职权】

第二十九条 本社设监事会，由＿＿名监事组成【注：监事会成员人数为单数，最少三人】，设监事长一名，代表全体成员社监督检查理事会【注：或者理事长】和工作人员的工作。监事长和监事会成员任期＿＿年，可连选连任。监事长列席理事会会议，并对理事会决议事项提出质询和建议。监事从成员社选派的监事候选人中产生。

监事会行使下列职权：

（一）监督理事会对成员大会决议和本社章程的执行情况；

（二）监督检查本社的生产经营业务情况，负责本社财务审核监察工作；

（三）监督理事会成员【注：或者理事长】和经理履行职责情况；

（四）向成员大会提出年度监察报告；

（五）向理事会【注：或者理事长】提出工作质询和改进工作的建议；

（六）提议召开临时成员大会；

（七）履行成员大会授予的其他职责。

第三十条 监事会会议由监事长召集，会议决议以书面形式通知理事会【注：或者理事长】。理事会【注：或者理事长】在接到通知后＿＿日内就有关质询作出答复。

第三十一条 监事会会议的表决实行一人一票。监事会会议须有三分之二以上的监事出席方能召开。重大事项的决议须经三分之二以上监事同意方能生效。监事个人对某项决议有不同意见时，其意见记入会议记录并签名。

第三十二条 本社经理由理事会【注：或者理事长】按照成员大会的决定聘任或者解聘，对理事会【注：或者理事长】负责，行使下列职权：

（一）主持本社的生产经营工作，组织实施理事会决议；

（二）组织实施年度生产经营计划和投资方案；

（三）拟订经营管理制度；

（四）聘任其他经营管理人员；

（五）理事会授予的其他职权。

本社理事长或者理事可以兼任经理。

第三十三条　本社现任理事长、理事、经理和财务会计人员不得兼任监事。

第三十四条　本社理事长、理事和管理人员不得有下列行为：

（一）侵占、挪用或者私分本社资产；

（二）违反本章程规定或者未经成员大会同意，将本社资金借贷给他人或者以本社资产为他人提供担保；

（三）接受他人与本社交易的佣金归为己有；

（四）从事损害本社经济利益的其他活动；

（五）兼任业务性质相同的其他农民专业合作社联合社的理事长、理事、监事、经理。

理事长、理事和管理人员违反前款第（一）项至第（四）项规定所得的收入，归本社所有；给本社造成损失的，须承担赔偿责任。

第四章　财务管理

第三十五条　本社实行独立的财务管理和会计核算，严格执行国务院财政部门制定的农民专业合作社财务会计制度。

第三十六条　本社依照有关法律、行政法规和政府有关主管部门的规定，建立健全财务和会计制度，实行财务定期公开制度，每月＿＿日【注：或者每季度第＿＿月＿＿日】向本社成员社公开会计信息，接受成员社的监督。

本社财务会计人员应当具备从事会计工作所需要的专业能力，会计和出纳互不兼任。理事会【注：或者理事长】、监事会成员【注：或者执行监事】及其直系亲属不得担任本社的财务会计人员。

第三十七条　本社与成员社和非成员的交易实行分别核算。成员社与本社的所有业务交易，实名记载于各成员社的成员账户中，作为按交易量（额）进行可分配盈余返还分配的依据。利用本社提供服务的非成员与本社的所有业务交易，实行单独记账。

第三十八条 会计年度终了时，由理事会【注：或者理事长】按照本章程规定，组织编制本社年度业务报告、盈余分配方案、亏损处理方案以及财务会计报告，于成员大会召开十五日前，置备于办公地点，供成员社查阅并接受成员社的质询。

第三十九条 本社资金来源包括以下几项：

（一）成员出资；

（二）每个会计年度从盈余中提取的公积金、公益金；

（三）未分配收益；

（四）国家财政补助资金；

（五）他人捐赠款；

（六）其他资金。

第四十条 本社成员社可以用货币出资，也可以用库房、加工设备、运输设备、农机具、农产品等实物，知识产权、土地经营权、林权等可以用货币估价并可以依法转让的非货币财产，以及____【注：如还有其他方式，请注明】等方式作价出资，但不得以劳务、信用、自然人姓名、商誉、特许经营权或者设定担保的财产等作价出资。成员社以非货币方式出资的，由全体成员社评估作价或委托第三方机构评估作价、全体成员社一致认可。

以土地经营权作价出资的成员社应当经所在社成员（代表）大会讨论通过。通过租赁方式取得土地经营权或者林权的，对农民专业合作社联合社出资须取得原承包权人的书面同意。

第四十一条 本社成员社认缴的出资额，须在____个月内缴清。

第四十二条 以非货币方式作价出资的成员社与以货币方式出资的成员社享受同等权利，承担同等义务。

经理事会【注：或者理事长】审核，成员大会表决通过，本社成员社可以向本社其他成员社转让全部或者部分出资。

本社成员社不得【注：或者可以，根据实际情况选择】以其依法可以转让的出资设定担保。

第四十三条 为实现本社及全体成员社的发展目标需要调整成员出资时，经成员大会表决通过，形成决议，每个成员社须按照成员大会决议的方式和金额调整成员出资。

第四十四条 本社从当年盈余中提取百分之____的公积金，用于扩大生产经营、弥补亏损或者转为成员出资。

本社每年提取的公积金，按照成员社与本社交易量（额）【注：或者出资额，也可以二者相结合】依比例量化为每个成员社所有的份额。

第四十五条　本社从当年盈余中提取百分之____的公益金，用于成员社的技术培训、合作社知识教育以及文化、福利事业和生活上的互助互济。其中，用于成员社技术培训与合作社知识教育的比例不少于公益金数额的百分之____。

第四十六条　本社接受的国家财政直接补助和他人捐赠，均按国务院财政部门制定的农民专业合作社财务会计制度规定的方法确定的金额入账，作为本社的资金（资产），按照规定用途和捐赠者意愿用于本社的发展。在解散、破产清算时，由国家财政直接补助形成的财产，不得作为可分配剩余资产分配给成员社，处置办法按照国务院财政部门有关规定执行；接受他人的捐赠，与捐赠者另有约定的，按约定办法处置。

第四十七条　当年扣除生产经营和管理服务成本，弥补亏损、提取公积金和公益金后的可分配盈余，主要按成员社与本社的交易量（额）比例返还。

可分配盈余按成员社与本社交易量（额）返还后，如有剩余，剩余部分按照____进行分配。【注：可根据实际情况进行规定】经本社成员大会表决通过，可以将本社全部【注：或者部分】可分配盈余转为成员社对本社的出资，并记载在成员账户中。

第四十八条　本社如有亏损，经成员大会表决通过，用公积金弥补，不足部分也可以用以后年度盈余弥补。

本社的债务用本社公积金或者盈余清偿，不足部分依照成员账户中记载的财产份额，按比例分担，但不超过成员账户中记载的出资额和公积金份额。

第四十九条　监事会【注：或者执行监事】负责本社的日常财务审核监督。根据成员大会【注：或者理事会】的决定【注：或者监事会的要求】，本社委托____【注：列明被委托机构的具体名称，该机构应系具有相关资质的社会中介机构】对本社的财务进行年度审计、专项审计和换届、离任审计。

第五章　合并、分立、解散和清算

第五十条　本社与其他农民专业合作社联合社合并，须经成员大会决议，自合并决议作出之日起十日内通知债权人。合并后的债权、债务由合并后存续或者新设的农民专业合作社联合社承继。

第五十一条　本社分立，经成员大会决议，本社的财产作相应分割，并自分立决议作出之日起十日内通知债权人。分立前的债务由分立后的组织承担连带责任。但是，在分立前与债权人就债务清偿达成的书面协议另有约定的除外。

第五十二条　本社因下列原因解散：

（一）因成员社变更导致成员社数量低于法定个数，自事由发生之日起6个月内仍未达到法定个数；

（二）成员大会决议解散；

（三）本社分立或者与其他农民专业合作社联合社合并后需要解散；

（四）因不可抗力致使本社无法继续经营；

（五）依法被吊销营业执照或者被撤销登记；

（六）成员社共同议决的其他情形。

第五十三条　本社因第五十二条第一项、第二项、第四项、第五项、第六项情形解散的，在解散情形发生之日起十五日内，由成员大会推举____名成员社所属人员组成清算组接管本社，开始解散清算。逾期未能组成清算组时，成员社、债权人可以向人民法院申请指定成员社所属人员组成的清算组进行清算。

第五十四条　清算组负责处理与清算有关未了结业务，清理本社的财产和债权、债务，制定清偿方案，分配清偿债务后的剩余财产，代表本社参与诉讼、仲裁或者其他法律程序，并在清算结束后____日内向成员社公布清算情况，向登记机关办理注销登记。

第五十五条　清算组自成立起十日内通知成员社和债权人，并于六十日内在报纸上公告。

第五十六条　本社财产优先支付清算费用和共益债务后，按下列顺序清偿：

（一）与成员社已发生交易所欠款项；

（二）所欠员工的工资及社会保险费用；

（三）所欠税款；

（四）所欠其他债务；

（五）归还成员出资、公积金；

（六）按清算方案分配剩余财产。

清算方案须经成员大会通过或者申请人民法院确认后实施。本社财产不足以清偿债务时，依法向人民法院申请破产。

第六章 附 则

第五十七条 本社需要向成员社公告的事项，采取____方式发布，需要向社会公告的事项，采取____公告方式发布。

第五十八条 本章程由设立大会表决通过，全体设立人盖章（成员社法定代表人签字）后生效。

第五十九条 修改本章程，须经半数以上成员社或者理事会提出，理事会【注：或者理事长】负责修订。

第六十条 本章程如有附录（如成员社出资列表），附录为本章程的组成部分。

全体设立人盖章、签名【注：成员社法定代表人签字】：

课外项目

调研一个真实的农民专业合作社，了解其产生过程、成员结构、运营管理模式、效益情况、公益活动和文化建设情况。分析调研数据，写出调研报告。

农民合作社情况调研提纲

调查人姓名		联系电话		
合作社名称			担任职务	
合作社行业类型		合作社规模		
合作社成立时间			初始成员数	
合作社法人代表		毕业学校及专业		年龄
合作社经营范围				
现在合作社成员数				
成立合作社的动机（为什么要成立）				
成立优势条件(村里基本情况、自然资源、交通、文化传统等)				

续表

组织机构的构成 （成员大会、理事会、监事会）	
成员的基本情况， 相互关系，文化程度	
成员入社、退社条件， 成员管理，资金管理	
如何实现合作社监督制度	
资金分配 扶持资金分配 合作社资金来源	
合作社文化理念、 学习意识、奉献精神、 凝聚力	
社会认可程度 社会效益	
合作社的发展前景如何	
管理合作社的主要经验	风险防范方面 业务管理方面 财务管理方面 文化管理方面

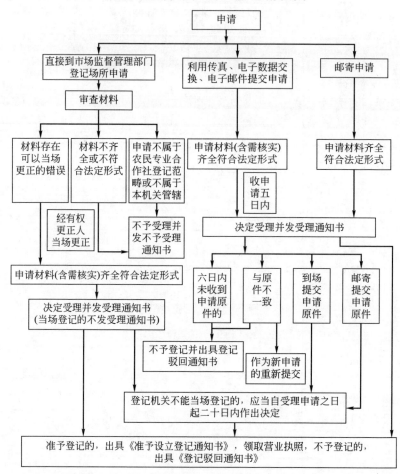

知识拓展

附件：农民专业合作社登记管理条例（修订草案征求意见稿）

第一章 总 则

第一条 为了确认农民专业合作社的法人资格，规范农民专业合作社登记行为，依据《中华人民共和国农民专业合作社法》（以下简称农民专业合作社法），制定本条例。

第二条 农民专业合作社的设立、变更和注销，应当依照农民专业合作社法和本条例的规定办理登记。

申请办理农民专业合作社登记，申请人应当对申请材料的真实性负责。

第三条 农民专业合作社经登记机关依法登记，领取农民专业合作社法人营业执照（以下简称营业执照），方取得法人资格。未经依法登记，不得以农民专业合作社名义从事经营活动。

第四条 市场监督管理部门是农民专业合作社登记机关。国务院市场监督管理部门主管全国的农民专业合作社登记管理工作。

县级市场监督管理部门、直辖市的区县市场监督管理部门（以下简称登记机关）负责本辖区内农民专业合作社登记管理工作。

第二章 登记事项

第五条 农民专业合作社的登记事项包括：

（一）名称；

（二）住所；

（三）成员出资总额；

（四）业务范围；

（五）法定代表人姓名。

第六条 农民专业合作社名称中的组织形式应当使用"专业合作社"字样，并参照国家有关企业名称登记管理的规定执行。

第七条 农民专业合作社的住所是其主要办事机构所在地。农民专业合作社只能登记一个住所。

第八条 农民专业合作社成员的出资方式应当符合农民专业合作社法第十三条的规定，不得以劳务、信用、自然人姓名、商誉、特许经营权或者设定担保的财产等作价出资。

成员的出资额以及出资总额应当以人民币表示。成员出资额之和为成员出资总额。

第九条 农民专业合作社以其成员为主要服务对象，业务范围可以有以下一种或者多种：

（一）农业生产资料的购买、使用；

（二）农产品的生产、销售、加工、运输、贮藏及其他相关服务；

（三）农村民间工艺及制品、休闲农业和乡村旅游资源的开发经营等；

（四）与农业生产经营有关的技术、信息、设施建设运营等服务。

第十条 农民专业合作社理事长为农民专业合作社的法定代表人。

第三章 设立、变更和注销登记

第十一条 申请设立农民专业合作社，应当由全体设立人指定的代表或者委托的代理人向登记机关提交下列文件：

（一）设立登记申请书；

（二）全体设立人签名、盖章的设立大会纪要；

（三）全体设立人签名、盖章的章程；

（四）法定代表人、理事的任职文件和身份证明；

（五）载明成员的姓名或者名称、出资方式、出资额以及成员出资总额，并经全体出资成员签名、盖章予以确认的出资清单；

（六）载明成员的姓名或者名称、居民身份证号码或者统一社会信用代码和住所的成员名册，以及成员身份证明；

（七）能够证明农民专业合作社对其住所享有使用权的住所使用证明；

（八）全体设立人指定代表或者委托代理人的证明。

农民专业合作社的业务范围依法须在登记前经批准的，应当提交有关批准文件。业务范围依法须在登记后经批准的，应当在登记后，报经有关部门批准方可开展相关经营活动。

第十二条　具有民事行为能力的公民，以及从事与农民专业合作社业务直接有关的生产经营活动的企业、事业单位或者社会组织，能够利用农民专业合作社提供的服务，承认并遵守农民专业合作社章程，履行章程规定的入社手续的，可以成为农民专业合作社的成员。但是，具有管理公共事务职能的单位不得加入农民专业合作社。

第十三条　农民专业合作社应当有五名以上的成员，其中农民至少应当占成员总数的百分之八十。

成员总数二十人以下的，可以有一个企业、事业单位或者社会组织成员；成员总数超过二十人的，企业、事业单位和社会组织成员不得超过成员总数的百分之五。

第十四条　农民专业合作社的农民成员，应当提供户口簿、居民身份证、土地承包经营权证、林权证或者村民委员会（居民委员会）出具的身份证明等能够证明其农民身份的证明文件。

非农民自然人成员应当提供居民身份证作为成员身份证明。

企业、事业单位或者社会组织成员，应当提供企业营业执照或者其他登记证书作为成员身份证明。

国有农场、林场、牧场、渔场等企业中实行承包租赁经营、从事农业生产经营或者服务的职工兴办或加入农民专业合作社的，视为农民成员，应当提供居民身份证和承包租赁经营合同或者所在农场、林场、牧场、渔场等出具的职业证明作为成员身份证明。

第十五条　农民专业合作社的登记事项发生变更的，应当向原登记机关申请变更登记，其中，变更名称、成员出资总额、法定代表人的，应当自变更决议作出之日起三十日内申请。

第十六条 农民专业合作社申请变更登记，应当向登记机关提交下列文件：

（一）法定代表人签署的变更登记申请书；

（二）成员大会或者成员代表大会做出的变更决议；

（三）法定代表人签署的修改后的章程或者章程修正案；

（四）法定代表人指定代表或者委托代理人的证明。

变更成员出资总额的，同时应当提交由农民专业合作社法定代表人签署确认的修改后的出资清单。

第十七条 农民专业合作社变更住所的，应当在迁入新住所前申请变更登记，并提交新住所使用证明。

变更住所跨登记机关辖区的，应当在迁入新住所前向迁入地登记机关申请变更登记。迁入地登记机关受理的，由原登记机关将登记档案移送迁入地登记机关。

第十八条 农民专业合作社变更业务范围涉及依法须经批准项目的，应当自批准之日起三十日内申请变更登记，并提交有关批准文件。

上述须经批准的项目有下列情形之一的，应当自事由发生之日起三十日内申请变更登记或者依照本条例的规定办理注销登记：

（一）许可证或者其他批准文件被吊销、撤销的；

（二）许可证或者其他批准文件有效期届满的。

第十九条 农民专业合作社成员发生变更的，应当自本会计年度终了之日起九十日内，将法定代表人签署的修改后的成员名册报送登记机关备案。其中，新成员入社的还应当提交新成员的身份证明。

农民专业合作社因成员发生变更，使农民成员低于法定比例的，应当自事由发生之日起六个月内采取吸收新的农民成员入社等方式使农民成员达到法定比例。

第二十条 农民专业合作社修改章程未涉及登记事项的，应当自做出修改决定之日起三十日内，将法定代表人签署的修改后的章程或者章程修正案报送登记机关备案。

第二十一条 农民专业合作社因合并、分立导致登记事项发生变化的，应当申请变更登记；因合并、分立导致新设立农民专业合作社的，应当申请设立登记。农民专业合作社因分立申请变更登记或者设立登记的，还应当提交成员大会或者成员代表大会依法做出的分立决议，以及农民专业合作社债务清偿或者债务担保情况的说明。

第二十二条 变更登记事项涉及营业执照载明事项的，登记机关应当换发营业执照。

第二十三条　农民专业合作社解散，依法应当清算的，清算组应当自成立之日起十日内将清算组成员、清算组负责人名单通过国家企业信用信息公示系统进行公示。

第二十四条　清算组应当自成立之日起十日内通知农民专业合作社成员和债权人，并于六十日内在报纸上（或者通过国家企业信用信息公示系统）公告。债权人应当自接到通知之日起三十日内，未接到通知的自公告之日起四十五日内，向清算组申报债权。如果在规定期间内全部成员、债权人均已收到通知，免除清算组的公告义务。

第二十五条　成立清算组的农民专业合作社应当自清算结束之日起三十日内，由清算组全体成员指定的代表或者委托的代理人向原登记机关申请注销登记，并提交下列文件：

（一）清算组负责人签署的注销登记申请书；

（二）农民专业合作社依法做出的解散决议，农民专业合作社依法被吊销营业执照或者被撤销的文件，人民法院的破产裁定、解散裁判文书；

（三）成员大会、成员代表大会或者人民法院确认的清算报告；

（四）营业执照；

（五）清算组全体成员指定代表或者委托代理人的证明。

因合并、分立而解散的农民专业合作社，应当自做出解散决议之日起三十日内，向原登记机关申请注销登记，并提交法定代表人签署的注销登记申请书、成员大会或者成员代表大会做出的解散决议以及债务清偿或者债务担保情况的说明、营业执照和法定代表人指定代表或者委托代理人的证明。

经登记机关注销登记，农民专业合作社终止。

第二十六条　申请人提交的登记申请材料齐全、符合法定形式，登记机关能够当场登记的，应予当场登记，发给营业执照。

除前款规定情形外，登记机关应当自受理申请之日起二十日内，做出是否登记的决定。予以登记的，发给营业执照；不予登记的，应当给予书面答复，并说明理由，告知申请人享有依法申请行政复议或者提起行政诉讼的权利。

申请农民专业合作社登记，申请人可以到登记机关提交申请，也可以通过信函、电报、电传、传真、电子数据交换和电子邮件等方式提出申请。

营业执照签发日期为农民专业合作社成立日期。

第四章　农民专业合作社联合社的登记

第二十七条　三个以上的农民专业合作社在自愿的基础上，可以出资设立并登记为农民专业合作社联合社，取得法人资格，领取营业执照。未经依法登记，不得以农民专业合作社联合社名义从事经营活动。

第二十八条 农民专业合作社联合社名称中组织形式应当使用"专业合作社联合社"字样，并参照国家有关企业名称登记管理的规定执行。

第二十九条 农民专业合作社联合社的住所是其主要的办事机构所在地，可以与其成员使用同一住所，由住所所在地的县级市场监督管理部门、直辖市的区县市场监督管理部门登记。联合社以其成员住所为主要办事机构的，应当提交该成员同意使用的证明文件。

第三十条 农民专业合作社联合社成员退社，使成员数低于联合社设立法定条件的，应当自事由发生之日起六个月内采取吸收新的农民专业合作社成员入社等方式使农民专业合作社成员达到法定条件。

第三十一条 本章对农民专业合作社联合社没有规定的，适用本条例关于农民专业合作社的规定。

第五章 信息公示和证照管理

第三十二条 登记机关应当依法对农民专业合作社的注册登记、行政处罚等信息进行公示。

农民专业合作社应当依法通过国家企业信用信息公示系统，向社会公示相关信息。

第三十三条 纸质营业执照分为正本和副本，正本和副本具有同等法律效力。正本应当置于农民专业合作社住所的醒目位置。

国家推行电子营业执照。电子营业执照与纸质营业执照具有同等法律效力，应当依法在经营活动中以适当方式展示。

第三十四条 营业执照遗失或者毁损的，应当在国家企业信用信息公示系统上声明作废，并向登记机关申请补领或更换。

任何单位和个人不得伪造、涂改、出租、出借、转让营业执照。

第三十五条 纸质营业执照正本、副本样式，电子营业执照标准以及农民专业合作社登记的有关重要文书格式或者表式，由国务院市场监督管理部门统一制定。

第三十六条 登记机关依法作出变更登记、注销登记、撤销设立和变更登记决定，农民专业合作社拒不缴回或者无法缴回营业执照的，由登记机关通过国家企业信用信息公示系统公告营业执照作废。

第六章 法律责任

第二十七条 提交虚假材料或者采取其他欺诈手段取得农民专业合作社登记的，由登记机关责令改正，可以处五千元以下罚款；情节严重的，撤销登记或者吊销营业执照。

第三十八条　农民专业合作社有下列行为之一的,由登记机关责令改正;逾期未改正的,可以处以五千元以下罚款;情节严重的,吊销营业执照:

(一)登记事项发生变更,未依照本条例规定办理变更登记的;

(二)因成员发生变更,使农民成员低于法定比例满六个月的;

(三)伪造、涂改、出租、出借、转让营业执照的。

第三十九条　农民专业合作社有下列行为之一的,由登记机关责令改正:

(一)未依法将修改后的成员名册报送登记机关备案的;

(二)未依法将修改后的章程或者章程修正案报送登记机关备案的。

第四十条　登记机关对不符合规定条件的农民专业合作社登记申请予以登记,或者对符合规定条件的登记申请不予登记的,对直接负责的主管人员和其他直接责任人员,依法给予处分。

第四十一条　农民专业合作社分支机构有违法行为的,适用本章规定进行处罚。

第七章　附　　则

第四十二条　农民专业合作社可以设立分支机构,并比照本条例有关农民专业合作社登记的规定,向分支机构所在地登记机关申请办理登记。农民专业合作社分支机构不具有法人资格。

农民专业合作社分支机构有违法行为的,适用本条例的规定进行处罚。

第四十三条　本条例自　年　月　日起施行。

模块三　管理农民专业合作社

本模块应用 SWOT 分析法对农民专业合作社的管理进行业务、财务、文化、风险方面的剖析，在一定程度上可为农民专业合作社的进一步发展指明方向，发挥优势、完善劣势、抢占机会、规避风险。本模块中 SWOT 分析图是通过 Word 插入 SmartArt 循环图制作而成，SWOT 图分析能够更直观地了解合作社在运行管理方面存在哪些优势和发展机会，还有哪些不足以及存在哪些风险。

所谓 SWOT 分析法又称态势分析法，它是一种能够较客观而准确地分析一个农民专业合作社现实情况的方法。本方法是把农民专业合作社组织内外环境所形成的机会（opportunities）、风险（threats）、优势（strengths）、劣势（weaknesses）四个方面的情况，结合起来进行分析，以寻找制定适合本合作社实际情况的经营战略和策略。农民专业合作社 SWOT 分析是指合作社为了提升自身业务和其他各方面的市场竞争力，而进行的业务、财务、文化、风险运营管理等方面的情况分析。

项目一　农民专业合作社业务管理

一、农民专业合作社制度管理

农民专业合作社应遵守以成员为主要服务对象，提供合作社产品购买、销售、贮藏以及与经营有关的技术、信息等的服务；以服务成员为宗旨，谋求全体成员的共同利益；体现"民办、民管、民受益"的基本原则。

农民专业合作社坚持以农民为主体，入社自愿，退社自由，成员地位平等，实行民主管理和盈余分配主要按照成员与合作社的交易额（量）比例返还的办社宗旨。

在以上办理原则和宗旨下，农民专业合作社应制订切实可行的、适合自己合作社的相应管理制度。

农民专业合作社管理制度示范文本

摘自：海南省信息发布网，海南省农业厅，发布者：彭德旗

目录

1. 成员（代表）大会制度
2. 理事会工作制度
3. 监事会工作制度
4. 财务管理制度
5. 成员管理制度 （附：_____专业合作社入社申请表） （附：_____专业合作社退社申请表）
6. 盈余分配制度
7. 学习培训制度

_____专业合作社成员（代表）大会制度

一、为了保护合作社成员的合法权益，体现民主管理的原则，依据《中华人民共和国农民专业合作社法》，特制定本制度。

二、成员（代表）大会由全体成员（代表）组成，是合作社的最高权力机构。

三、成员大会职责：

1. 审议、修改本社章程和各项规章制度；
2. 选举和罢免理事长、理事、执行监事（或者监事会成员）；
3. 决定成员入社、退社、继承、除名、奖励、处分等事项（注：如设立理事会此项可删除）；
4. 决定成员出资标准及增加或者减少出资；
5. 审议本社的发展规划和年度业务经营计划；
6. 审议批准年度财务预算和决算方案；
7. 审议批准年度盈余分配方案和亏损处理方案；
8. 审议批准理事会、执行监事（或者监事会）提交的年度业务报告；
9. 决定重大财产处置、对外投资、对外担保和生产经营活动中的其他重大事项；

10. 对合并、分立、解散、清算和对外联合等做出决议；

11. 决定聘用经营管理人员和专业技术人员的数量、资格、报酬和任期；

12. 听取理事长或者理事会关于成员变动情况的报告；

13. 决定其他重大事项。

四、成员代表从全体成员中选举产生，每_____名成员选举产生一名成员代表，组成成员代表大会。成员代表大会履行成员大会的_____、_____等（注：部分或者全部）职权，成员代表任期_____年，可以连选连任（本社成员超过一百五十人时，成立成员代表会。不成立成员代表大会的可以不设立此条）。

五、成员（代表）大会由理事会（理事长）负责召集，每年至少召开一次。

六、合作社召开成员（代表）大会，出席人数应当达到成员（代表）总数三分之二以上。

七、成员（代表）大会选举或者做出决议，应当由本社成员表决权总数过半数通过；做出修改章程或者合并、分立、解散的决议应当由本社成员表决权数的三分之二以上通过。

八、遇下列情况，可以临时召开成员（代表）大会：

1. 百分之三十以上的成员提议；

2. 执行监事或者监事会提议；

3. 理事会提议；

4. 成员共同议决的其他情形。

九、成员（代表）大会对有关议案进行表决时，实行"一人一票"制。成员（代表）因故不能参加时，可书面委托成员代理，一个成员最多只能代理两个成员。

十、成员（代表）大会所议事项要形成会议记录，出席会议的成员、理事、监事应当在会议记录上签名。

十一、本制度从____年____月____日起执行。

_____专业合作社理事会工作制度

一、为了规范理事会的行为，促进合作社发展，依据《中华人民共和国农民专业合作社法》，特制定本制度。

二、理事会是合作社的执行机构，对成员大会负责。

三、理事会由____名理事组成，理事会成员由成员（代表）大会从本社成员中选举产生，任期____年，可连选连任。

四、理事会职责：

1. 组织召开成员（代表）大会并报告工作，执行成员（代表）大会决议；

2. 制订本社发展规划、年度业务经营计划、内部管理规章制度等，提交成员（代表）大会审议；

3. 制定年度财务预决算、盈余分配和亏损弥补等方案，提交成员（代表）大会审议；

4. 组织开展成员培训和各种协作活动；

5. 管理本社的资产和财务，保障本社的财产安全；

6. 接受、答复、处理执行监事或者监事会提出的有关质询和建议；

7. 决定成员入社、退社、继承、除名、奖励、处分等事项（注：如不设立理事会此项可删除）；

8. 决定聘任或者解聘本社经理、财务会计人员和其他专业技术人员；

9. 履行成员（代表）大会授予的其他职权。

五、理事会会议的表决，实行一人一票。重大事项集体讨论，并经三分之二以上理事同意方可形成决定。理事个人对某项决议有不同意见时，其意见记入会议记录并签名。

六、成员（代表）大会从本社成员中选举产生1名理事长，依照章程的规定行使职权。

七、理事长是本社的法定代表人。主要职责：

1. 主持成员（代表）大会，召集并主持理事会会议；

2. 签署本社成员出资证明；

3. 签署聘任或者解聘本社经理、财务会计人员和其他专业技术人员聘书；

4. 组织实施成员（代表）大会和理事会决议，检查决议实施情况；

5. 代表本社签订合同等；

6. 履行成员（代表）大会授予的其他职权。

八、理事会接到监事会质询或建议的书面通知后，应在____个工作日内做出答复。

九、理事会所议事项要形成会议记录，出席会议的理事应当在会议记录上签名。

十、本制度从____年____月____日起执行。

____专业合作社监事会工作制度

一、为了规范监事会行为，促进合作社发展，依据《中华人民共和国农民专业合作社法》，特制定本制度。

二、监事会是合作社的监督机构，代表全体成员监督合作社的财务和业务执行情况。

三、监事会由____人组成，设监事长一人。监事会成员由成员（代表）大会选举产生，每届任期____年，可连选连任，合作社理事、监事不得互相兼任。

四、监事会职责：

1. 监督理事会对成员（代表）大会决议和本社章程的执行情况；

2. 监督检查本社的生产经营业务情况，负责本社财务审核监察工作；

3. 监督理事长或者理事会成员和经理履行职责情况；

4. 向成员（代表）大会提出年度监察报告；

5. 向理事长或者理事会提出工作质询和改进工作的建议；

6. 提议召开临时成员（代表）大会；

7. 代表本社负责记录理事与本社发生业务交易时的业务交易量（额）情况；

8. 履行成员（代表）大会授予的其他职责（注：如不作具体规定此项可删除）。

五、监事会会议由监事长召集，监事长因故不能召集会议时，可以委托其他监事召集。

六、监事会会议的表决实行一人一票。监事会会议须有三分之二以上的监事出席方能召开。重大事项的决议须经三分之二以上监事同意方能生效。

七、监事会所议事项要形成会议记录，出席会议的监事应当在会议记录上签名。监事个人对某项决议有不同意见时，其意见也要记入会议记录并签名。

八、本制度从____年____月____日起执行。

_____专业合作社财务管理制度

一、为了规范合作社财务行为，依据《中华人民共和国农民专业合作社法》和《农民专业合作社财务会计制度》的规定，结合合作社实际，制定本制度。

二、理事会负责合作社的财务管理工作。

三、合作社资金来源包括成员出资、每个会计年度从盈余中提取的公积金和公益金、未分配盈余、国家扶持补助资金、他人捐赠款和其他资金。

四、任何单位和个人不得截留、挤占、平调和挪用合作社资产。

五、合作社财务管理坚持"增收节支、勤俭节约"的原则，各项支出必须用于合作社的生产、经营、服务活动以及日常管理等相关事项。

六、合作社费用支出由理事长负责审批，一般经费开支在____元以内，由理事长直接审批；____—____元，经理事会集体审核后，由理事长审批；____元以上及重大项目建设、投资，由成员（代表）大会讨论通过后，由理事长例行审批手续。办理各项支出，要取得合法的原始凭证，凭证必须有经办人、审批人签字方可入账。经集体审核通过的，需有会议记录或形成的决议作为依据入账。

七、合作社年度收益分配顺序依次是：（1）弥补上年度亏损；（2）计提积累，包括提取公积金、公益金、风险金，提取比例按章程规定；
(3) 向成员进行盈余返还；(4) 向投资者分利。

八、合作社设会计和出纳各一名，会计负责建立总账和明细分类账，做好财务收支、成本费用核算、会计报表编制和会计档案管理工作。出纳负责建立现金日记账、银行存款日记账以及合作社资金收支、账款划转和支取。支票和印鉴不得由同一人保管。

九、合作社银行账号、账户不得出租、出借或转让，不得将公款外借，禁止以合作社名义为其他单位和个人提供担保。

十、合作社实行"财务公开、民主监督"，每季度将财务收支情况张榜公布于办公地点。每年1月底前向成员（代表）大会汇报上年度财务决算情况、盈余分配方案和本年度财务预算方案。

十一、合作社购销产品的价格确定，做到公开、公正、公平，实行透明化管理。购销价格的确定及变更要经理事会通过。购销价格确定后，要将购销价目表（如果有变化，原因要注明）张贴在办公地点明显位置，便于成员了解。

十二、合作社要建立成员账户，详细记载成员的出资额、应享有的公积金份额、国家财政扶持资金和接受捐赠份额、交易量和交易额。成员与非成员要单独核算。

十三、合作社财务要接受执行监事（监事会）的监督指导和业务主管部门的审计监督。

十四、本制度从____年____月____日起执行。

_____专业合作社成员管理制度

一、为保护成员的合法权益，坚持入社自愿、退社自由的原则，规范成员管理，依据《中华人民共和国农民专业合作社法》和本社章程，特制定本制度。

二、成员入社管理

（一）入社手续

1. 凡是有民事行为能力的公民，从事_____经营，能够利用并接受本社提供的服务，承认并遵守本合作社章程，即可书面向本合作社理事长（或理事会）提出申请，填写《专业合作社入社申请书》。

2. 提出书面申请后，经成员（代表）大会核查讨论通过后，即成为本社成员。

3. 自提出书面申请后，一周内理事长（或理事会）应做出答复。

4. 本社成员统一持《农民专业合作社成员证》。

（二）成员权利

1. 参加成员（代表）大会，并享有表决权、选举权和被选举权；

2. 利用本社提供的服务和生产经营设施；

3. 按照本社章程规定或者成员（代表）大会决议分享本社盈余；

4. 查阅本社章程、成员名册、成员（代表）大会记录、理事会会议决议、监事会会议决议、财务会计报告和会计账簿；

5. 对本社的工作提出质询、批评和建议；

6. 提议召开临时成员（代表）大会；

7. 自由提出退社声明，依照本社章程规定退出本社；

8. 成员共同议决的其他权利。

（三）成员义务

1. 遵守本社章程和各项规章制度，执行成员（代表）大会和理事会的决议；

2. 按照章程规定向本社出资；

3. 积极参加本社各项业务活动，接受本社提供的技术指导，按照本社规定的质量标准和生产技术规程从事生产，履行与本社签订的业务合同，发扬互助协作精神，谋求共同发展；

4. 维护本社利益，爱护生产经营设施，保护本社成员共有财产；

5. 不从事损害本社成员共同利益的活动；

6. 不得以其对本社或者本社其他成员所拥有的债权，抵消已认购或已认购但尚未缴清的出资额；不得以已缴纳的出资额，抵消其对本社或者本社其他成员的债务；

7. 承担本社的亏损；

8. 成员共同议决的其他义务。

三、成员退社管理

1. 成员要求退社的，须在会计年度终了的三个月前向理事会提出书面声明，填写《_____专业合作社退社申请表》，方可办理退社手续。

　　2. 组织成员退社的，须在会计年度终了的六个月前提出，并填写《_____专业合作社退社申请表》。

　　3. 退社成员的成员资格于该会计年度结束时终止，资格终止的成员须分摊资格终止前本社的亏损及债务。

　　4. 成员资格终止的，在该会计年度决算后三个月内，退还记载在该成员账户内的出资额和公积金份额。如本社经营盈余，按照本章程规定返还其相应的盈余所得；如经营亏损，扣除其应分摊的亏损金额。

　　5. 成员在其资格终止前与本社已订立的业务合同应当继续履行。

　　6. 退社成员需要将《农民专业合作社成员证》上缴收回，进行成员资格注销。

　　四、其他情况规定

　　成员死亡的，其法定继承人符合法律及本章程规定的条件的，在三个月内提出入社申请，填写《_____专业合作社入社申请书》，经成员（代表）大会讨论通过后办理入社手续，并承继被继承人与本社的债权债务。

　　五、本制度从____年____月____日起执行。

_____专业合作社入社申请表

姓名		性别		年龄	
文化程度		政治面貌		民族	
家庭住址				家庭人口	
身份证号码				联系电话	
经营项目			经营规模		头 或 亩

我自愿加入_____合作社，遵守合作社章程、制度，执行合作社各项决议，履行成员义务，接受合作社的管理和指导，维护本社的权益和声誉，共同推进合作社发展。

申请人：

年　　月　　日

　　　　　　　　　成员（代表）大会意见
　　经____年____月____日成员（代表）大会研究，同意_____加入合作社。

理事长（签章）：

年　　月　　日

_____专业合作社退社申请表

姓名		性别		年龄	
文化程度		政治面貌		民族	
家庭住址					
身份证号码				联系电话	
经营项目		经营规模		头　或　亩	

　　由于_____原因，本人声明退出本社。

申请人：

年　　月　　日

　　成员（代表）大会意见

经____年____月____日成员（代表）大会研究，同意_____退出本社。

理事长（签章）：
年　月　日

_____专业合作社盈余分配制度

一、为了保护成员的合法权益，体现合作社的本质，依据《中华人民共和国农民专业合作社法》，特制定本制度。

二、参加盈余分配的人员为持有本社《成员证》的成员。

三、合作社在进行年终盈余分配工作以前，要做好财产清查，准确核算全年的收入、成本、费用和盈余；清理财产和债权、债务。合作社的盈余按照下列顺序进行分配：

1. 提取盈余公积金。盈余公积金按不低于10%的比例提取，用于发展生产，可转增资本和弥补亏损。

2. 提取风险基金。按照章程或成员大会决议规定的比例提取，用于以丰补歉。

3. 向成员分配盈余。合作社的盈余经过上述分配后的余额，按照交易量（额）向成员返还，返还比例不低于60%；按照出资额、成员应享有公积金份额、国家财政扶持资金及接受捐赠份额向成员返还，返还比例不超过40%。入社不满一年的成员，根据成员实际出资、入社时间，按比例按时间段进行分配。

四、农民专业合作社盈余分配方案要经成员大会或成员代表大会讨论通过后执行。

五、按交易量（额）比例返还金额及平均量化到成员的资金份额要记载到《成员证》中。

六、本制度从____年____月____日起执行。

_____专业合作社学习培训制度

一、为了给合作社成员提供良好的服务，提高成员的生产经营水平，特制定本制度。

二、参加学习培训的为本社持有《成员证》的成员。

三、定期组织成员学习培训，提供技术指导、信息服务及相关知识的传播。

四、每年的信息、技术、学习培训等服务不少于5次。

五、本制度从____年____月____日起执行。

二、农民专业合作社购销管理

农民专业合作社是在市场经济条件下，广大农民为了维护自身利益而自愿联合起来进行自主经营、自我服务、自负盈亏的一种合作经济组织。它可以将独立的农业生产经营者的资源联合起来，有效解决分散型农户与大市场的对接问题，提高农户的整体收入和农业生产效率。生产资料的购买与产品的销售是农民专业合作社重要的职能之一，这项职能既可以防止中间商的压质压价，倒买倒卖，同时也避免了各组织之间相互压价的恶意竞争局面，保护了成员的利益；通过专业合作社与中间商建立稳定信赖的合作关系，可以加强农业生产的组织性，使市场有稳定的供给。

1. 统一组织为合作社成员采购、供应生产资料和设备

农民专业合作社最好统一组织实行规模采购，尽量减少成员的生产成本。但是合作社统一采购供应的资料必须保证质量，适合本社各种生产和质量安全技术标准。否则，造成的损失由负责采购的当事人赔偿。

2. 统一品牌、包装和销售

在合作社成员自愿的前提下，成员产品由合作社按规定标准和质量要求进行加工、整理后，对合作社成员的产品使用统一品牌，进行统一包装，寻找统一销售渠道。

农民专业合作社产品销售渠道是多元化的，选择什么样的销售渠道与其经营的产品、区域的位置以及品牌等密切相关。

目前中国农产品的销售模式可以采取"农户＋批发商""农户＋龙头

企业""农户＋合作社＋龙头企业""农户＋供应商＋超市""农户＋合作社＋电商""农户＋合作社＋微商""农户＋合作社＋社区供应"的模式。

农民专业合作社的销售渠道可选择以下几种方式。

(1) 选择风险比较小的订单式销售

合作社采取与超市、批发市场、公司签订订单合同，按照合同规定的产品、质量、价格、数量和交货日期进行销售。此种形式的销售风险小，有保障，不足之处是利润较直销稍低。

(2) 选择直接进入批发市场和零售环节

这是目前大多数合作社选择的方式，尤其农产品类型的合作社多采取这种形式，这种形式销售的产品价格较直销低，风险高，价格难以控制，另外中间环节也较多。

(3) 选择委托代理商进行销售

优点为成本低，比较省心；缺点为产品销售易受代理商控制，合作社易处于被动地位。

(4) 选择直销的方式，建立专门的销售机构

在超市、农贸市场、专门销售点或者通过电商建立自己专门的柜台进行销售。优点是可以直接控制产品价格，减少中间环节，增加合作社销售收入；缺点是要求合作社具备一定的实力，有较强的营销能力和较大数量的产品规模。这种方式的销售要求合作社有一定的信誉，产品质量经得起检验。

三、农民专业合作社生产经营管理

1. 产前统一生产计划

合作社根据市场需求和本社产品的实际情况，统一制订年度生产计划和各个阶段生产计划，由成员（或者生产场、加工厂）按生产计划落实生产，与合作社签订生产合同，计划合同做到定产量、定质量规格、定农资机械需求、定技术服务、定安全生产责任、定产品交售办法、定加工要求、定管理人员工资报酬奖惩。

2. 产中统一管理

合作社根据产前统一制订的阶段生产计划，由管理人员监督统一实施，保障质量。监督过程中如果遇到弄虚作假，按照产前制订的奖惩办法进行处罚。合作社实行民主管理，所有合作社成员均具有监督权。

3. 产后统一销售

按照农民专业合作社章程要求，合作社产品最终进行统一的产品包装和销售，能使合作社成员获得最大的利润。

四、农民专业合作社加工运输管理

① 合作社统一生产加工，统一商标品牌，统一运输。积极开拓市场，扩大销售网络，寻求定向加工，努力降低销售费用，提高产品的附加值。

② 在合作社收购成员产品环节上，要严格执行合同规定的收购质量、价格、数量，对待成员要公平公正，不厚此薄彼；成员要维护本社形象和利益，要履约守信，不贪小利；成员要听从统一指挥，服从统一调度，保证在规定时间内，保质保量地交售产品，使产品能及时加工、包装、调运，进入市场。

③ 在产品交售加工期，合作社要确保信息畅通，按市场行情，随时公布交售产品的品种、质量、价格以及交售办法和要求，使成员及时组织采收、整理、分级、包装，使产品适时进入市场。合作社要确定专人，定期对收购、贮存、调运的产品以及待交售的产品，分成员、分生产场、分产品种类、分质量规格、分客户、分市场建立台账，做好统计分析，以指导、调度好加工、贮存和运输。

五、农民专业合作社技术信息服务

1. 统一技术标准和技术培训

合作社按照质量安全要求，统一组织制定、实施生产技术规程，按产品质量标准组织生产，逐步建立产品质量追溯、检测监督等制度。合作社在需要的时候，应该组织成员进行统一的技术培训。

2. 统一指导服务

合作社实行管理人员（或者成员代表）分生产区域、分产业产品品种负责制，统一对成员（或者生产场、加工厂）进行产前、产中、产后的指导服务和管理。合作社对管理人员的报酬或补助按任务完成情况进行考核发放。因指导服务不到位，造成损失的由负责人负责赔偿。

3. 统一信息服务

加强信息化建设，是农民专业合作社为成员提供产前、产中、产后服务的重要手段。由于合作社成员主体是农民，创办主体也主要是农民，长时期形成的传统生产经营方式不可能因成立合作社就可以很快地转变过来，相当一部分合作社为成员的服务局限于产前、产中环节，销售领域的合作比较薄弱，一方面，农民的市场商品意识还不够强；另一方面，他们对市场缺乏了解，尽管组织了起来，形成了一定的生产规模，但不能与市场进行有效对接。实践中，我们体会到，农民专业合作社发展起来，在农技推广等有关部门的指导下，合作社已基本具备了为成员提供生产技术的服务功能，但按照市场需求，适应市场变化，提高市场竞争力，建立较稳定的市场销售渠道，则需要合作社具有信息化服务功能。

案例　梁山某生猪养殖合作社

林某，济宁市梁山县人。他学习过畜牧专业，看猪病很在行，对梁山养猪场的分布、经营状况如数家珍。林某在2009年10月找到了7户养猪户，注册了梁山某生猪养殖合作社。2014年3月进行了资金和人员变更，林某是梁山某生猪养殖合作社的理事长，为合作社的成员提供引种、疫苗药物、看病、饲料供给等多方面的服务。梁山某生猪养殖合作社的经营范围：组织采购供应成员所需的仔猪、饲料及兽药；组织收购、销售成员饲养的成品猪及猪苗；引进新技术、新品种，开展技术培训、技术交流和咨询服务。

梁山某生猪养殖合作社自成立以来，主要做了以下几件事情：（1）为养猪户建立了一套完善的档案，谁家的猪什么时间该打疫苗了，什么时间该换饲料了，什么时间该出售了，都记录在案，并给予电话通知。（2）只要是合作社成员养的猪，到了应该打预防针的时间，合作社会主动给成员预约，免费上门服务去打预防疫苗。（3）饲料方面，合作社与六和饲料合作，成员从合作社购买猪饲料比从市场买一袋少花10元,一头猪到出栏至少少花60元。有时冬天合作社也会自己做饲料。看到颗粒料发展速度这么快,养猪场也纷纷要求吃颗粒料。颗粒料比粉料贵了不少,怎么能够降低颗粒料的成本? 林某尽心尽力,多方求助,终于采用干法制粒也可以自己制粒了。(4)销售方面,合作社和肉联厂合作,批量地出售生猪,肉联厂收购的价格比单独出售一斤要高1~2角钱,一头猪就可以多收入20~30元。这样计算,加上预防药物,一头猪至少能多收入一百多元。成员不用愁销售、不用担心猪生病,省了不少心。最近合作社又在争取示范社,国家给予的扶持资金,一半发给了成员,一半留作合作社作为流动资金。

通过上述案例,请对梁山某生猪养殖合作社运用SWOT分析法进行如下几个方面的剖析,以利于合作社进一步发展壮大。

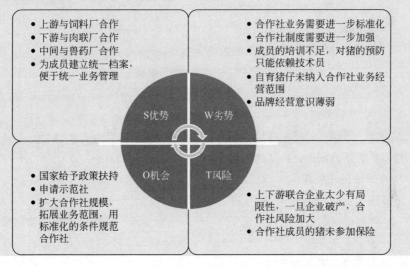

知识拓展

一、农业标准化

农业标准化是运用"统一、简化、协调、优选"的原理,对种植业、养殖业农产品的产前、产中、产后全过程进行标准化管理,并对实施过程进行有效监督,达到高产、优质、安全、高效的目的。

二、什么是农业标准化示范区

农业标准化示范区是由国家标准化管理委员会协同地方共同组织实施,以实施农业标准为主,实现农业现代化和保障食品安全,加快推进从农田到餐桌全过程实施标准化,提高农业生产、加工、流通各环节标准化管理水平。从 1995 年开始,在全国开展了"农业标准化示范区"建设,到目前为止,共建立了国家级、省部级、市级、县级 3527 个示范区,其中国家级 1059 个,内容涵盖了种植业、养殖业、加工业等农业生产的主要领域,包含粮食、油料、水果、蔬菜、棉麻、畜禽、水产、食用菌、茶叶、花卉、中药材及其他经济作物 21 项。国家财政对农业标准化示范区建设给予一定数量的资金支持。各地政府也投入了大量资金支持农业标准化建设。

三、国家农业标准化示范区的基本条件

1. 示范区建设原则

(1)以当地优势、特色和深加工附加值高的产品为主,实施产前、产中、产后全过程质量控制的标准化管理;

(2)要与国家有关部门和地方政府实施的无公害农产品行动计划,以及各类农产品生产基地、出口基地、农业科技园等有关项目相结合;

(3)优先选择预期可取得较大经济效益、科技含量高的示范项目;

(4)示范区要地域连片,具有一定的生产规模,有集约化、产业化发展优势,产品商品化程度较高。

2. 示范区布局

按粮食、棉花、油料、蔬菜、畜牧、水产、果品、林产品等的生产、加工、流通,以及生态环境保护、营林造林工程、小流域综合治理等类型进行布局。

3. 政策扶持和经费保证

依据国家农业标准化示范区管理办法(试行),示范区建设纳入当地的经济发展规划,对示范区建设有总体规划安排、具体目标要求,并提供相应的政策扶持和经费保证。

4. 申报建立示范区的基本条件

具有一定的农业标准化工作基础和相对稳定的技术服务和管理人员的龙头企业、行业(产业)协会和农民专业合作组织都可以申报建立标准化示范区。

四、农业标准化示范区管理流程

国家农业标准化示范区包括申报、审批、考核验收和管理四个过程。

1. 申报

农民专业合作组织提出申请,内容包括示范类型、示范区域、具备的条件、拟达到的目标(标准覆盖面、质量目标、经济指标、社会效益等),并填写《国家农业标准化示范区任务书》。

2. 审批

《国家农业标准化示范区任务书》送国务院有关部门和省、自治区、直辖市标准化管理部门初审。初审通过后，由国家标准化管理委员会组织综合评审，符合示范区总体布局和各项规定的，批准实施。对于基本条件好、积极性高、有经费保证、不需要国家经费补助的示范区项目，可由县级人民政府提出，经国家标准委同意后，列入国家示范区项目。

3. 考核验收

凡列入国家农业标准化示范区项目计划，示范区工作目标任务已如期完成的，才可进行项目目标考核验收。项目目标考核工作由国家标准化管理委员会统一组织，一般委托国务院有关部门和省、自治区、直辖市标准化管理部门进行。项目目标考核验收按《农业标准化示范区考核验收办法》和《农业标准化示范区效果评价体系表》要求执行。考核验收采取资料审查、现场考核、抽样调查、走访农户的办法，进行逐项评分。

4. 管理

（1）国家标准化管理委员会负责示范区建设规划、立项，制定有关政策和管理办法，负责示范区的组织管理工作。

（2）市县标准化管理部门负责本地区示范区建设的组织实施和日常管理。

（3）国家标准化管理委员会对确定的示范区建设项目给予一定的补助经费，地方财政落实相应的配套资金。示范区建设的补助经费实行专款专用。

（4）示范区建设周期一般为3年。

（5）示范区建设承担单位每年对示范区建设工作进行一次总结，总结情况及时报送上一级主管部门。国务院有关部门和省、自治区、直辖市标准化管理部门汇总后，于年底报国家标准化管理委员会备案。

（6）国务院有关部门和省、自治区、直辖市标准化管理部门应对示范区建设进展情况加强督促检查，每年至少要组织一次工作检查。对组织实施不力，补助经费使用不当的，限期改进。对经整改仍不能达到要求的，取消其示范区资格。

（7）示范区工作不搞评比，不搞验收，不搞表彰，建设期满时严格按项目管理要求对示范区进行项目目标考核。

五、农业标准化管理办法（1991年2月26日国家技术监督局令第19号发布）

第一条　为了实现农业现代化，促进农业技术进步，改进农产品质量，增加产量，提高经济效益，根据《中华人民共和国标准化法》和《中华人民共和国标准化法实施条例》，制定本办法。

第二条　农业标准化是指农业、林业、牧业、渔业的标准化，它的主要任务是：贯彻国家有关方针、政策，组织制定和实施农业标准化规划、计划，制定（包括修订、下同）和组织实施农业标准，对农业标准的实施进行监督检查。

第三条　农业标准化是实现农业现代化的一项综合性技术基础工作。农业标准化计划应纳入国民经济和科技发展计划。

第四条 对下列需要统一的技术要求，应当制定农业标准（含标准样品的制作）：

（一）作为商品的农产品及其初加工品（以下统称农产品）、种子（包括种子、种苗、种畜、种禽、鱼苗等，下同）的品种、规格、质量、等级和安全、卫生要求；

（二）农产品、种子的试验、检验、包装、储存、运输、使用方法和生产、储存、运输过程中的安全、卫生要求；

（三）农业方面的技术术语、符号、代号；

（四）农业方面的生产技术和管理技术。

第五条 农业标准分为强制性和推荐性标准。与安全、卫生有关的技术要求，重要的涉及技术衔接通用技术语言和国家需要控制的检验方法、种子与重要农产品的国家标准、行业标准，以及法律、行政法规规定强制执行的标准是强制性农业标准。

其他农业标准是推荐性农业标准。

第六条 为贯彻农业国家标准、行业标准，根据地方发展农业生产的实际需要，开展农业综合标准化工作，县级以上各级标准化行政主管部门可以制定农业标准规范，推荐执行（法律、法规规定强制执行的例外）。

第七条 制定农业标准应当符合下列原则：

（一）符合国家有关政策、法令，做到技术先进，经济合理，切实可行。有利于推动技术进步，增加产量，提高产品质量。

（二）有利于合理利用资源，保护生态环境、卫生，提高社会经济效益。

（三）鼓励采用国际标准和国外先进标准。

（四）有利于因地制宜，发展地方名、特、优产品生产。

（五）有利于按质论价，兼顾农、工、商和消费者利益。

（六）有利于促进对外经济技术合作和对外贸易。

（七）有利于相关标准协调、配套，标准样品和文字标准相一致，有利于建立科学、合理的农业、林业、牧业、渔业标准体系和开展综合标准化工作。

第八条 当制定农产品标准涉及几个部门时，应由一个部门牵头，联合其他有关部门共同研究制定。

第九条 强制性农业标准必须执行。不符合强制性标准的，不得销售、调运、进口和使用。

第十条 对有国家标准或行业标准的农产品、种子等，可以向国务院标准化行政主管部门或国务院标准化行政主管部门授权的部门申请产品质量认证。认证办法，按国家有关产品质量认证管理的规定执行。

第十一条　县级以上（含县级、下同）政府标准化行政主管部门在本行政区域内负责组织农业标准的实施，对标准的实施进行监督检查；县级以上政府有关行政主管部门在本行政区域本行业内负责组织实施农业标准，并对标准的实施进行监督检查。

农业标准实施的监督，按国务院标准化行政主管部门颁发的标准实施监督管理办法执行。

第十二条　县级以上政府标准化行政主管部门根据需要设置的检验机构，或授权的其他单位的检验机构对农产品、种子是否符合标准进行监督检验。

处理有关农产品、种子是否符合标准的争议，以前款规定的检验机构的检验结果为依据。

第十三条　凡收购、销售的农产品、种子，都必须接受第十二条规定的检验机构的监督检验。

第十四条　违反本办法有关规定的，依照《中华人民共和国标准化法实施条例》的相应条款进行处罚。

第十五条　农业标准属科技成果，对技术水平高、效益显著的农业标准，应纳入相应的科技进步奖励范围，予以奖励。

第十六条　本办法由国家技术监督局负责解释。

第十七条　本办法自发布之日起实施。原国家标准局颁发的《农业地方标准和农业推荐性标准代号、编号的规定》《关于改革农业标准化工作的几项规定》即行废止。

课外项目

结合梁山某生猪养殖合作社业务管理经验，调查一所当地的合作社，总结其业务管理方式方法。

农民专业合作社财务管理

合作社财务管理是农民专业合作社生存及其可持续发展的财力保障，

加强农民专业合作社的财务管理,既有利于维护合作社成员的合法权益,也有利于合作社的健康良性发展。因此,必须严格按照《农民专业合作社法》的规定,建立健全完善的财务管理制度,进行会计核算、编制会计报告,做好盈余分配,设立成员账户,遵循"集体决策、民主理财"的原则,开展财务审计工作,有效地保证合作社财务管理依法规范运行。

一、农民专业合作社资金筹集

充裕的资金是农民专业合作社良好运行的重要保障,是其发展壮大的物质基础,因此在农民专业合作社运行和发展过程中,资金始终具有决定性的作用,是农民专业合作社能否取得成功的关键。农民专业合作社资金筹集的方式一般有以下几种类型。

1. 合作社成员自身投入

农民专业合作社最早的资金支持来自成员交纳的会费、股金。任何成员加入,都必须交纳这项费用,尽管数额不大,但却是合作经济组织最早的资金支持。除了会费和股金之外,为了弥补资金不足,许多农民专业合作社在发展过程中通过公积金制度和红利、盈余挂账的办法筹集资金。

2. 国家和地方的财政扶持资金

为了鼓励农民专业合作社的发展,中央和地方各级财政部门给予扶持,设立农民专业合作社专项资金,补助和奖励以农民为主体兴办并带动现代农业建设和农民增收的农民专业合作社和农村经济组织的发展。

3. 农村信用机构的信贷资金

部分农村信用合作社和农村商业银行会给予农民专业合作社一定的信贷资金,一方面引导农村金融机构真正走市场化和商品化结合的路子,另一方面真正将农民专业合作社作为一个市场主体来支持,为农民专业合作社提供长短期相结合的经营资金需求。另外,条件成熟的农民专业合作社也可以合理合法地使用民间借贷资金,以弥补农村金融机构在农民专业合作社资金扶持方面的不足。

4. 招商引资,吸收社会资金

随着每年中央一号文的出台,国家对农业的关注越来越多,给予的政策支持力度越来越大。因此,合作社可以通过自身的价值,吸引更多的企业关注农业,进行招商引资,吸引社会资金注入,投入到农业发展当中。但是一定要在《农民专业合作社法》规定的范围内与企业进行合作,不能失去合作社的根本原则。

5. 通过平台进行众筹或认筹

伴随着信息化时代的到来,通过网络平台,打造各种众筹或认筹项目,以吸引合作社外部的资本注入,缓解合作社短暂的资金问题。但合作社不能对此抱有太多幻想,更多还要依靠产业的发展去解决资金问题。

案例

建水县某种养殖产业有限公司于2009年8月注册成立,注册资金575万元,总部位于云南省红河州建水县。公司有多年的奶山羊养殖经验,有多年互联网营销经验与软件开发经验。现有大型养殖场72个,山羊数量9万只,总资产1.1亿,伴随着移动互联网在县乡镇的全面普及,以及"互联网+"的理念,公司现已由单纯的山羊养殖转型为山羊全产业链。

2015年,公司探索出"公司+合作社+联养户"的"山羊养殖园区联合养殖"模式。同年8月,公司互联网中心负责运营的互联网牧场"养羊啦"正式上线。"养羊啦"主推联合养殖项目,客户购买"养羊啦"平台上的山羊,签署联合养殖合同,由公司专营牧场负责养殖,联合养殖合同到期后公司按照合同注明的金额向客户返还购羊款及分红。平台除了推出"合作养羊"外,近年来平台又陆续推出"合作种植"——我的果园,认领一棵果树(脐橙)的活动,供认筹者选择。

案例解析

该公司实现"互联网+农业+金融"的结合,通过认领一头羊,可以是肥羊也可以是奶羊,认领一棵脐橙树,时间可以是3个月、半年,也可以是一年,来实现资金的筹集,然后给客户一定的利息或分成,客户通过互联网平台,能够随时看到羊圈里自家羊的状况,具体线下的养殖由公司专营牧场负责养殖,客户与平台签署联合养殖合同,以减少客户的顾虑。

二、农民专业合作社账目设立与资产管理

1. 农民专业合作社账目设立

农民专业合作社要严格执行《农民专业合作社财务会计制度(试行)》规定,根据实际需要设置账簿,一般设立总账、现金日记账、银行存款日记账、产品物资账、固定资产账、经营收支账、股金账、应收应付(成员往来)账及成员账。

(1) 票据使用管理

农民专业合作社使用的票据要规范,发票统一使用税务部门提供的标准票据。其中固定资产、产品物资类使用"数量金额式"账簿;收入支出类使用"多栏式"账簿;现金、银行存款类使用"日记账";总账等其他类使用"三栏式"账簿。

农民专业合作社收支单据日常收款使用"农民专业合作社收款收据",支出使用"农民专业合作社付款票据",购入产品物资使用"农民专业合作社产品物资入库单",出售产品物资使用"农民专业合作社产品物资出库单"。

(2) 账务处理的流程管理

① 农民专业合作社要统一会计科目,按照《农民专业合作社财务会计制度(试行)》规定,并结合自身管理需要和业务特点建立会计核算体系,设置账簿,包括总分类账、银行存款日记账、库存现金日记账、股金明细账、成员往来明细账、产品物资明细账、固定资产明细账、代购代销明细账等。

② 要按照财务会计制度的规定正确核算经济业务,并定期定点向成员公布财务状况,让每个成员心中有数,了解资金的使用情况,增强财务管理透明度。

③ 合作社要按照财务会计制度的规定,准确、及时、完整地编制资产负债表、盈余及盈余分配表、成员权益变动表、科目余额表、收支明细表等会计报表和财务状况说明书等,详实地反映合作社当前财务状况和经营成果。努力提高会计报表的编制水平,报表要满足表内和表间的勾稽关系,并主动将编制好的会计报表及时报送给登记机关和所在地的农村经营管理部门,接受监督与指导。

(3) 农民专业合作社收益分配管理

成员账户是农民专业合作社成员利益的载体,按照农民专业合作社法律规定设立成员账户,健全收益分配制度,兼顾公平与效率。

① 按照《农民专业合作社法》中有关盈余分配的规定进行盈余分配。农民专业合作社要根据自身发展状况和成员大会形成的决议,提取一定比例的盈余公积金,依法为每个成员设立成员账户,按照章程规定量化为每个成员的份额,计入个人账户,对国家财政直接补助和他人捐赠形成的财产平均量化到成员。

② 根据农民专业合作社的发展状况,合理确定盈余返还、股金分红和股息的比例。可分配盈余按成员与本社的交易量(额)比例返还,返还总额不应低于可分配盈余的60%;其余部分可以按照出资额和盈余公积金份额、形成财产的财政补助资金量化份额、捐赠财产量化份额的比例分配给成员。合作社要建立盈余支付机制,将提取的盈余及时、全额支付给成员,坚决杜绝虚提盈余以及不及时、不足额甚至不向成员支付等现象的发生。

2. 农民专业合作社资产管理

根据《农民专业合作社财务会计制度》规定,农民专业合作社的资产分为固定资产、无形资产、流动资产、农业资产和对外投资等五大类别。合作社的房屋、建筑物、机器、设备、工具、器具和农业基本建设设施等劳动资料,凡使用年限在一年以上,单位价值在500元以上的均可列为固定资产。有些主要生产工具和设备,单位价值虽低于规定标准,但使用年限在一年以上的也可列为固定资产。合作社的无形资产主要包括合作社持有的非专利技术、专利权、商标权、土地使用权等。

农民专业合作社会计制度,借鉴国际会计准则分类方法并结合我国农民专业合作社实际情况,将农产品和收获后加工而得到的产品列为流动资产中的存货,将生物资产中的牲畜(禽)和林木列为农民专业合作社的农业资产,主要包括幼畜及育肥畜、产畜以及役畜(包括禽、特种水产等)、经济林木和非经济林木等。

三、农民专业合作社成员账户管理

成员账户是农民专业合作社用来记录成员与合作社交易情况及其在合

作社财产中所拥有份额的会计账户。《农民专业合作社法》和《农民专业合作社财务会计制度（试行）》均要求农民专业合作社必须为每个合作社成员设立成员账户，规定成员账户的核算方式。建立了农民专业合作社成员账户后，财务人员就可以详细记载成员的出资额、应享受的公积金份额以及成员与合作社的交易量（额）。

1. 成员账户的核算内容

根据《农民专业合作社法》第四十三条的规定，成员账户主要用于记载以下内容：①成员出资情况，如果为股份制农民专业合作社还应该区分成员的基本股和投资股；②成员与农民专业合作社交易情况；③成员的公积金变化情况；④成员参与盈余返还金额和剩余盈余返还金额情况。这些单独记录的会计资料也是确定成员参与农民专业合作社盈余分配、财产分配的重要依据。

2. 成员账户的核算方法

（1）核算标准

成员账户的内部往来是一个双重账户。凡是农民专业合作社与成员之间的经济往来业务关系，都必须通过成员账户进行核算。具体地说，既核算农民专业合作社与成员之间的应收及暂付业务，又核算应付及暂收业务。

① 公积金的核算　农民专业合作社的公积金应从当年盈余中提取，比例由本社章程或成员大会自主决定。只有当年农民专业合作社有了盈余，即收入在扣除各种费用和税收后还有剩余时，才可以提取公积金。公积金提取比率可为当年盈余的10%～35%之间。其主要用途一是用于弥补亏损，二是扩大生产经营，三是转为成员的出资。在农民专业合作社有盈余时，可以提取公积金并将成员所占份额转为成员出资。《农民专业合作社法》第四十二条第二款规定："每年提取的公积金按照章程规定量化为每个成员的份额"。这是农民专业合作社在财务核算中与公司企业不同的一个重要特征。为了鼓励成员更多地利用合作社，在一般情况下，公积金的量化标准，主要依据当年合作社与成员的交易量（额）来确定。然而，也可以根据以下两种标准来进行量化，一种是以成员出资为标准进行量化；另一种是以成员出资和交易量（额）结合起来考虑，两者按照本社章程规定或成员大会决定。

② 国家财政补助和其他捐赠形成财产的核算　为建立明确清晰的产权

关系，防止农民专业合作社的这些财产受到不当侵占，《农民专业合作社法》第四十四条规定："在弥补亏损、提取公积金后的当年盈余，为农民专业合作社的可分配盈余。可分配盈余主要按照成员与本社的交易量（额）比例返还。

可分配盈余按成员与本社的交易量（额）比例返还的返还总额不得低于可分配盈余的百分之六十；返还后的剩余部分，以成员账户中记载的出资额和公积金份额，以及本社接受国家财政直接补助和他人捐赠形成的财产平均量化到成员的份额，按比例分配给本社成员。

经成员大会或者成员代表大会表决同意，可以将全部或者部分可分配盈余转为对农民专业合作社的出资，并记载在成员账户中。

具体分配办法按照章程规定或者经成员大会决议确定。"

国家财政直接补助形成的财产不得分配给合作社成员。因为国家财政的补助或者社会捐赠都是针对合作社这个"大集体"的，而不是补助给合作社的某个人或者某些成员的。因此，农民专业合作社成员在中途退社时，不能带走这部分资金形成的财产，合作社在解散时也不能分配给成员。《农民专业合作社法》第五十三条规定："农民专业合作社接受国家财政直接补助形成的财产，在解散、破产清算时，不得作为可分配剩余资产分配给成员，具体按照国务院财政部门有关规定执行"。特别是目前一些公司企业领办的合作社，要及时从产权归属和财务划分上切实解决好这个问题，以防合作社最终既不像合作社又不像企业的现象出现。

（2）资本金变更记录

涉及成员账户核算的资本金变更记录，应遵循《农民专业合作社财务会计制度（试行）》规定，结合各合作社实际情况进行。资本金变更记录有以下几个方面：合作社实际收到成员股金（投资）、国家财政部门的补助款项以及他人捐赠款项；合作社实际收到成员以加工厂房、无形资产作为股份入社的资本金变更记录；合作社实际收到成员增资和在市场监督管理部门进行注册资本变更登记后的资本金变更记录；合作社提取公积金和盈余分配核算时的资本金变更记录。

四、农民专业合作社财务人员管理

1. 财务管理机构设置要规范

农民专业合作社要加强财务工作管理，首先要设立规范的财务管理职能部门,必须设置好会计、出纳和保管人员的岗位,会计可根据业务需要设置,规模小、业务简单的合作社可以委托农村经营管理机构或代理记账机构代理记账。出纳要安排专职人员担任,不能由监事会成员或董事会成员兼任,实物保管要由熟识业务的人员担任。财务人员要做到持证上岗,特别是会计、出纳人员必须具有会计从业资格证,才能从事财务工作。

2. 货币资金的审批使用程序要规范

现金收入要求财务人员必须及时入账,会计、出纳要及时对账,合作社内绝对不允许出现收入不入账、私设"小金库"、以白条抵库、公款私存等行为。各项支出财务人员必须把好关,合作社任何人员财务支出均须由经手人签名,必要时要有监事会审核、理事长审批,重大项目支出必须由理事会或成员代表大会讨论决定,建立责任追究制度,防止贪污、侵占、挪用资金行为的发生。如有扶持资金和项目资金,要做到专款专用。

案例 a	案例 b
一、本社按照国家有关法规进行会计核算,建立健全财务管理制度,实行独立核算,民主管理	一、合作社设立财务室,设会计、出纳各一名。其职责是:(一)负责合作社的财务管理工作。(二)核算经济业务的发生、记录和反映生产经营活动。(三)编制会计报表,正确反映合作社经营成果。(四)坚守财经纪律,抵制侵犯、平调、挪用合作社财产
二、本社会为每个成员设立成员账户,分类记载该成员的出资额,量化为该成员的公积金份额和该成员与本社的交易量(额)	二、合作社财产属全体成员所有,任何单位和个人不得贪污、挪用、拆借、平调
三、本社对国家财政直接扶持补助奖金和其他社会捐赠,按接受时的现值入账。形成财产的平均量化为每个成员的公积金份额。捐赠者另有约定的,从其约定	三、合作社必须建立健全会计账务体系,包括总账、明细账、现金日记账、银行存款明细账,并按统一会计科目进行核算
四、本社每年从当年盈余中提取 20%～30% 的公积金(具体比例由成员大会决定)。公积金用于弥补亏损后的余额,平均量化到每个成员账户	四、合作社要建立成员账户,主要记载该成员的出资额、量化为该成员的公积金份额、该成员与本社的交易情况和盈余返还状况等。成员与非成员要分别核算
五、提取公积金后的当年盈余,为本社当年的可分配盈余。要公配盈余的 60% 以上,按成员与本社的交易量(额)比例返还,剩余部分按成员账户中记载的资本份额比例分配。上述分配方案经成员(代表)大会审议通过后实施	五、为加强合作社的经费管理,会计、出纳坚持账款分离,支票、印鉴分管。同时实行回避制度,本合作社主要负责人的直系亲属不得担任合作社的会计、出纳工作
六、理事会在每季度终了时,将上期财务收支情况向财务报告,并按期向有关部门上报有关财务会计和统计报表	六、财务收支必须做到手续齐全、票据合法,及时结算入账,杜绝资金体外循环,所有经费开支由理事长一支笔审批,凡因业务需要的办公费、差旅费、招待费、工资等开支,超过 3000 元以上的必须经理事会集体讨论审批。未按程序开支,会计有权拒绝入账

续表

案例 a	案例 b
	七、严格固定资产投资,确因工作需要,必须报理事长批准,超过 50000 元须经理事会集体讨论审批,并要建立固定资产账户
	八、合作社银行账号、账户不得出租、出借或转让,不得将公款外借,禁止以合作社名义为其他单位和个人提供担保
	九、合作社实行"财务公开、民主监督"制度,每季度将财务收支情况张榜公布于办公地点。每年1月底前向成员(代表)大会汇报上年度财务决算情况、盈余分配方案和本年度财务预算方案,可分配盈余主要按成员与本社的交易量(额)比例返还,返还额度由成员(代表)大会讨论决定
	十、合作社财务要接受执行监事(监事会)的监督指导和业务主管部门的审计监督

案例解析

通过上述两个案例比较发现,两个案例均符合农民专业合作社财务管理细则,都设立了合作社成员账户,对合作社财务人员做了相应规定,但是案例 b 的财务制度相比而言更具体,主要从财务的制度方面做了一些规定。比如对财务人员职责做了具体规定,对账目的支出做了更细致的规定,对于票据额度超过 3000 元就要经理事会集体讨论审批,对于固定资产超过 50000 元须经理事会集体讨论审批;而案例 a 主要从经营的角度对财务做了规定。

知识拓展

农民专业合作社财务管理细则(示范参考本)

第一章 总则

第一条 为了规范农民专业合作社(以下简称合作社)的财务行为,促进合作社健康发展,根据《中华人民共和国会计法》和有关法规及合作社章程,制定本制度。

第二条 合作社财务管理工作要按照"民办、民管、民受益"原则,坚持自主经营、自我服务、民主管理的办社方针,真实、完整提供会计信息,加强经济核算,提高经营效益,增加成员收入。

第三条　合作社填制会计凭证、登记会计账簿、管理会计档案等要求，按照《中华人民共和国会计法》、《会计基础工作规范》和《会计档案管理办法》的规定执行。

第四条　合作社会计核算办法参照《企业会计制度》《小企业会计制度》的规定执行。

第五条　合作社是股份合作的经济组织，依法独立享有经济、社会活动的自主权，其合法权益受法律保护，任何单位和个人都不准侵占、平调、截留和私分合作社的财产。

第六条　合作社的财务工作要接受主管部门的业务指导和监督，定期向主管部门报送财务和会计报表。

第二章　资产管理

第七条　合作社的资产按流动性分为流动资产、长期投资、固定资产、无形资产和其他资产。

第八条　流动资产，是指可以在1年或者超过1年的一个营业周期内变现或耗用的资产，主要包括现金、银行存款、短期投资、应收及预付款项等。

第九条　合作社在银行开设现金结算户应严格执行国家《现金管理暂行条例》，用于日常零星支付和备用的库存现金不准超过规定限额。

第十条　合作社建立现金日记账和银行日记账，按照业务发生顺序逐日逐笔登记，准确及时反映现金的收付、提存和结余情况，做到账款相符。

第十一条　固定资产，是指合作社使用期限超过1年的房屋、建筑物、机器、机械、运输工具，以及其他与生产、经营有关的设备、器具、工具等。

第十二条　合作社采用年限平均法进行固定资产折旧。

第十三条　合作社建立固定资产登记、保管和使用制度，对固定资产的存量及增减变动情况及时、准确、如实登记，建立固定资产明细账，定期清查盘点，做到账物相符。

第十四条　合作社接受捐赠、补助的资产列入资本公积金。

第十五条　合作社固定资产需要处置时，原值在1万元以下由理事会决定，1万元（含1万元）以上由成员大会审议决定。

第十六条　合作社不得以任何形式为任何单位和个人提供经济担保。

第三章　财会人员

第十七条　合作社按照账、钱、物相互独立分管原则，配置专职会计员、出纳员和财产物资保管员，凡涉及款项和财物收付、结算及登记的任何一项工作，由两人或两人以上分工办理。

第十八条　合作社会计核算以权责发生制为基础，采用借贷记账法。会计年度自公历1月1日至12月31日止。

第十九条　财务负责人具体领导合作社的财务工作，负责制订各项内部财务制度、编制财务收支计划和财务支出的限额审批。

第二十条　会计员负责按规定设置账簿，开设账户，实行总分类和明细核算。正确运用会计科目，真实编制会计凭证，登记会计账簿，按期编制会计报表。做好参谋作用，并依法实行会计监督。

第二十一条　出纳员要严格按照国家有关规定办理现金收付和银行结算业务，设置现金日记账和银行日记账，做到序时登记，日清月结；不得"白条"抵库现金，不得挪用和坐支现金，严格控制签发空白支票。

第二十二条　财产物资保管员负责合作社固定资产日常核算，根据会计凭证登记固定资产账卡，定期进行盘点核对，做到账、卡、物相符。

第二十三条　合作社财会人员调动或离职时，必须办理交接手续，编制交接清单，移交人、接交人、监交人签字盖章后存档。在未办清交接手续以前，财会人员不得离职。

第四章　财务收支

第二十四条　合作社开展生产经营，依法取得营业收入时，要手续完备，使用统一的收款凭证和必要的内部凭证，并及时入账。

第二十五条　合作社开展生产经营，需要支付费用时，必须取得合法的原始凭证。

第二十六条　合作社财务支出执行"一支笔审批"原则，实行分档逐级审核，限额授权，由合作社财务负责人审批。

第二十七条　生产经营性开支。金额在2000元以下（不含2000元）的，由合作社财务负责人审批；金额在2000元以上10000元以下（不含10000元）的，由合作社理事会集体研究决定后，由合作社财务负责人审批；金额在10000元以上的，由成员代表会议表决通过后，由合作社财务负责人审批。

第二十八条　非生产经营性开支。凡金额在1000元以下（不含1000元）的，由合作社财务负责人审批；金额在1000元以上10000元以下（不含10000元）的，由合作社理事会集体研究决定后，由合作社财务负责人审批；金额在10000元以上的，由成员代表会议表决通过后，由合作社财务负责人审批。

第二十九条　合作社财务支出按下列程序进行：

1. 经办人出具合法的开支原始凭证，并注明事由、时间、经办人和证明人姓名。
2. 出纳员和会计员审核原始凭证的真实性、规范性和合法性。
3. 合作社财务负责人根据审批权限负责审批。超出审批权限的，应签署审查意见后，由合作社理事会集体研究决定或成员代表会议通过。

4. 对不规范且金额大于 300 元的支出原始凭证,必须到税务部门审核办理补税手续,方可审批、支付。

第五章 民主理财

第三十条 合作社建立民主理财制度,保证成员对合作社财务的知情权、决策权和监督权。

第三十一条 合作社年初财务收支计划和重大财务事项必须通过成员会议的形式,征得成员同意并记录在案。

第三十二条 合作社成员对财务有下列民主管理的权利:

(一)有权对所公布的财务账目提出质疑;

(二)有权委托监事会查阅审核有关财务账目;

(三)有权要求有关当事人对有关问题进行解释或解答;

(四)有权逐级反映财务管理中存在的问题,提出意见和建议。

第三十三条 监事会行使下列监督权:

(一)有权对财务收支情况检查和监督;

(二)有权代表成员查阅审核有关账目,反映有关财务问题;

(三)有权对财务管理中发现的问题提出处理建议;

(四)有权向上一级部门反映有关财务管理中的问题。

第六章 利润分配

第三十四条 利润,是指合作社在一个会计年度期间的经营成果,包括营业利润、利润总额和净利润。

(一)营业利润,是指主营业务收入减去主营业务成本和主营业务税金及附加,加上其他业务利润,减去营业费用、管理费用和财务费用后的金额。

(二)利润总额,是指营业利润加上投资收益,减去发生的投资损失和计提的投资减值准备金的净额。

(三)净利润,是指利润总额减去所得税后的余额。

第三十五条 合作社按月计算利润。

第三十六条 合作社当年实现的净利润按以下顺序分配:

(一)按 10%比例提取法定盈余公积金;

(二)剩余部分:

(1) 60%按成员及有关方面与本社产品的交易量(额)比例返还。

(2)其余 40%按成员投资股和身份股及量化后的公积金份额和其他属于量化给成员的份额分红。

第三十七条 合作社聘用职员计划及其工资标准,需经理事会批准,所付工资计入服务成本。

第三十八条　对成员和职员的物质奖励，其金额计入服务成本。

第三十九条　合作社如有亏损，以公积金、股金依次弥补；因弥补亏损所减少的资金，成员大会应酌情规定恢复补充的办法和期限。

第七章　附则

第四十条　本制度由合作社负责组织实施。

第四十一条　本制度同国家法律、法规、政策有关规定相抵触时，按国家规定执行。

第四十二条　本制度自合作社章程通过之日起实施。

课外项目

调查一所当地自己熟悉的合作社，了解其合作社成员账户的管理方法。

项目三　农民专业合作社文化管理

合作社文化是合作经济组织在长期发展过程中所形成的与其他社会经济组织相区别的目标、信念、哲学、道德和价值的总和，在内容和形式上与其他组织文化有共同之处，主要包括精神文化、制度文化和物质文化。农民专业合作社文化是一个合作社生存和发展的基础，是推动合作社走向成功的前进动力。每个发展势头强劲的合作社都有着自己强有力的合作社文化，尤其是当合作社的外部发展环境发生重大变化时，合作社在其长期形成的文化下均能适应环境而做出相应的改变。最早的合作社产生于1844年的英国罗虚戴尔镇，即当时的"公平先锋社"，产生至今已有170多年，合作社之所以能够不断发展壮大就得益于其深厚的思想基础和文化底蕴。

一、精神文化

精神文化是农民专业合作社文化的核心,主要体现在合作社的宗旨、原则、章程等载体中,它是农民专业合作社生存、发展的精神支柱和重要条件,是合作社文化的最高层面。

农民专业合作社通过让合作社成员参与合作社目标制订、章程修改、重大事项民主决策、各种类型的成员培训等方式,来提高农民专业合作社的精神文化。合作社成员的各种参与因素体现了合作社文化的核心价值。

1. 提高合作社领导者素质

领导者素质既体现在合作社核心能力培养与内部管理制度完善上,同时也体现在其经营与驾驭市场能力上。合作社领导者的创业意识、经营思想、工作作风及管理风格,与其意志、胆量、魄力、品格等直接相关。他们既是合作社文化的倡导者和设计者,也是合作社文化实践的组织者和推动者。可主要从以下几方面提高合作社领导者的素质。

① 提高合作社领导者的文化素质　通过教育培训引导合作社领导者从多方面加强学习,吸收知识营养,总结经验,提高自身综合素质,从而领导合作社实现规范发展、适应未来市场经济的目标。

② 更新合作社领导者观念,塑造其新的价值观　合作社领导者的价值观决定了合作社核心价值观,影响着合作社价值观的形成和发展,也是合作社精神文化建设的首要任务。

③ 提高合作社领导者的人格魅力　合作社领导者要紧跟时代发展的步伐,陶冶情操,形成崇高的品格、宽阔的胸襟,真正从单纯追求利润转变为具有高度社会责任感和公德心的农村发展领头人。

2. 提高合作社成员的素质

成员的素质对于合作社的发展至关重要,直接影响到合作社精神的特质以及合作社文化整体层次的高低。它不仅决定了合作社文化生产力的水平,而且对合作社文化的整体形成也有很大作用,应该认真加强合作社成员的教育和培训,提高成员的整体思想道德水平和科学文化素养,增强合作社内部凝聚力。

3. 提高合作社宣传力度

通过宣传合作社知识，营造良好舆论氛围，让更多的人投身合作社事业之中，提高合作社成员的认同感。联合企业、中高等院校、职教中心，培养一批有能力、能创新的专业人才，同时提升合作社的知名度。通过各种方式不断同化、培育职工的精神作风，推广合作社的行为规范，发挥合作社精神文化推动力。

二、物质文化

物质文化是农民专业合作社核心价值观的外在表现形式，主要包括农民专业合作社生产的产品、提供的服务、生产经营环境设计、包装与设计、办公设施、徽章旗帜等各种物质设施构成。

物质文化是对农民专业合作社的一种外在包装，是合作社的门面。

1. 塑造合作社的形象，营造文化氛围，推广使用标识

合作社要有自己的标识，标识既是传承文化的载体，也是最直接、最实用的名声宣传，既要在合作社各办公场所、经营网点、主办或承办的各类活动场所上使用标识，也要在产品、物流、出版物等各类实物上规范使用标识。

2. 注重合作社文化基础设施建设，发挥物质设施潜移默化的教育功能

在合作社悬挂展板，定期更换，内容可以从精品产品介绍、优秀职工事迹宣传，到合作社活动展示等，为员工提供展现才华、张扬个性、实践创新的平台。在有条件的基础上建立图书室，安排职工文化活动场所，为开展合作社文化活动提供必要的场地和条件，让职工在活动中充分表现自己的创新思维和想象力。

3. 发挥报纸杂志等传统媒体的作用

采取多种形式加大对合作社品牌的宣传，发挥宣传舆论阵地在合作社文化建设中的更大作用。

4. 开拓新型媒体的宣传效应

充分发挥抖音、微信、微店小程序、微博、快手等网络平台在合作社文化建设中的重要作用，建设融思想性、知识性、服务性于一体的合作社网站，对外展示生产环节与良好的生态环境，形成网络文化建设工作体系。

5. 赋予产品文化内涵

将农民专业合作社的产品赋予文化内涵，使产品成为文化的载体，以文化引领提升合作社产品附加值。将产品赋予其文化内涵，能更好地使一个产品在一个地方落户生根，取得产品优势，为合作社创造更多的财富。但是产品文化的核心还是产品，在产品打造过硬的条件下，注入文化的内涵，而不是文化产品，所以产品要有自己的系统性和独立性，不能让文化掩盖产品的核心状况。比如给农产品赋予色彩，把五种颜色的番茄种植在一起，分别赋予金木水火土的五行文化内涵，增加产品的附加值，但是番茄品质还是最主要的。对于一些生产作物种植类的合作社，可以在花期开展各种艺术节，如每年组织开展"桃花节""杏花节""油菜花节""向日葵花节""荷花节"等等，增加作物除果实之外的在其他产业方面的价值，但是对于合作社来说，还是以作物原有的传统价值为主。

三、制度文化

制度文化是规范成员行为、凝聚成员智慧、张扬组织特性的一系列规定和规则，是合作社文化的支柱。合作社之所以能够持续发展，是由于其制度建设的继承性和创新性。合作社制度建设凝聚着其成员的科研智慧，体现着高度的民主性。

在制订规章制度中，要把合作社文化渗透其中，突出价值观念、素质要求、态度作风等，培植合作社员工具有优良取向的价值观念，注重培养员工忠于合作社事业、忠于职守的观念，把精神要求与具体规定有机地结合起来，使员工既有价值观的导向，又有制度化的规范，实现两者共同发展。民主管理机制的建立是合作社发展的内在保证，要在符合法律、法规规定的前提下，确立一整套符合市场经济规律的、科学的、行之有效的合作社经营管理思想。

首先，要制定和完善合作社的章程，合作社运行中的重大事项都要通过成员大会表决，保障员工参与合作社重大问题的决策。其次，实行合作社的科学管理，要严格遵守操作规程，提高员工安全素养。再次，通过合作契约、订单农业、合作加服务等形式，把参与各方通过利益联结真正联合起来，建立和逐步完善利益联结机制。最后，要确立一整套着眼于对合作社全体员工进行全方位激励的管理办法，对员工的绩效评估和考核公平公正，对实现预期绩效的员工应给予加薪、提升。

四、公益文化

公益文化是以维护、实现和宣传公共利益为主旨，以文化形式存在的一种社会意识形态。作为一种正能量的社会意识形态，公益文化具有广泛性、现实性和先进性，是人类进步文化的重要组成部分，对于倡导社会主义核心价值观，弘扬中华民族悠久的道德传统，鼓励、推动和引导社会公益事业的发展，具有重要的意义和作用。

1. 农民专业合作社公益文化形式

农民专业合作社初期可以做一些力所能及的公益事情，比如为本村的村民修建生产小路、小桥，为合作社成员做技术培训，宣传一些农民专业合作社的知识，为幼儿园捐献演出服装或道具，为美化乡村做宣传，帮助村民处理生活垃圾，为社区老年协会捐助器材等，通过小的公益活动对合作社进行初期的宣传，让更多人了解合作社并加入合作社。

农民专业合作社发展壮大，有了更多的资金积累以后可以做更多更大的公益活动，比如赞助社会福利和慈善事业、资助公共服务设施的建设、赞助学校的体育活动、赞助灾区活动等。资助灾区，为灾区人民排忧解难是社会公益活动的一个重要内容。可以通过这些公益活动来扩大合作社的影响力，让合作社的产品走出去。

2. 农民专业合作社公益文化资金来源

农民专业合作社按照章程的规定或者根据合作社年收益情况，每年可以从年利润中提取一定比例的收益资金作为公益金，做一些公益文化宣传。

3. 农民专业合作社公益文化意义

努力发掘、培育和塑造与时俱进的合作社文化，通过树立共同的价值观念和目标追求，激发合作社的使命感、责任感，调动农民的积极性和创造精神，把智慧、力量汇聚到合作社事业的整体目标上，形成合作社科学发展、创新发展、跨越发展的强大合力。

案例 济宁市汶上县某农业合作社

济宁市汶上县某农业合作社成立于2012年5月,是由汶上县委县政府牵头、县农业局通过招商引资、由外部人员投资成立的一种新型农民合作社。该合作社以"推广合作、信用合作、供销合作、生产合作"为切入点,加大宣传、培训,完善服务体系,曾经是汶上县农业合作社的领航者,是目前汶上县最具有实力和影响力的农民专业合作社。

合作社是以当地农协为依托,按照自愿、民主、平等互利原则成立的互助性经济组织,以农民增收、谋求全体成员的共同利益为目标,以入社自愿、退社自由为宗旨,"办社为民、为民办社",以服务三农、惠及百姓为己任。

合作社设有总社、乡镇分社、村级服务站三级管理机构。截至2014年12月,入社成员1万余人,代理农资品牌有史丹利化肥、青岛中天肥料、郑单958玉米。截至2014年12月,已举办成员代表大会八次,组织文化、农技、农化科技下乡60多次,编写合作社专刊五期,同时还为广大成员宣传普及国家相关政策和农技、农化基础知识。

合作社还针对其内部成员举办"棒子王"选拔大赛,并设立了一等奖、二等奖、三等奖和鼓励奖、参与奖,提高成员种粮积极性和入社的积极性。每年农闲时节,在成员所在村庄免费播放电影,通过舞台车播放一些传统的戏曲和农化知识培训课程。根据农时,在不同作物不同管理时期,合作社工作人员专门聘请农业专家和农业局科技人员下乡讲授相关科技知识。

课外项目

根据某合作社案例,总结其文化管理,制订一项农民专业合作社文化管理方案。

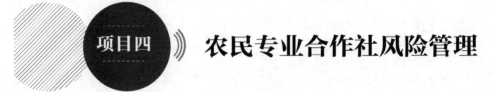

项目四 农民专业合作社风险管理

农民专业合作社风险是指农民专业合作社在生产经营过程中,由于自身或外界因素的影响而发生遭受损失的可能性。农民专业合作社是农业产业中的特殊经济组织，它在运营过程中受到农业产业风险及其自身状况的双重影响，因此其面临的风险包括农业产业风险，但又不仅仅限于农业产业风险。农民专业合作社的风险管理包括风险发生前的管理和发生后的管理，但是不管是在发生前还是发生后，农民专业合作社的风险来自两方面，一方面是农民专业合作社内部的风险，另一方面是农民专业合作社外部的风险。

一、内部风险

1. 技术风险

技术风险是一种新型的风险形式，是近年来才凸显的风险种类，一般是指伴随着科学技术的发展、生产方式的改变而发生的风险。技术风险主要包括技术研发风险、技术引进风险和技术流失风险。

技术研发风险是指由于技术研发不成熟或实践应用中存在自然环境等方面的差异，容易产生一定的技术研发风险。

技术引进风险是指由于外部环境的不确定性，对所引进的技术项目不熟悉，技术项目本身的难度及复杂性，以及合作社自身能力的有限性，而导致技术引进所发挥的作用没有达到合作社预期的效果。

技术流失风险一般认为是技术秘密流失的风险，可能由于合作社内部技术人员的疏忽，或者成员无疑或恶意泄密等因素，造成合作社技术秘密的流失，从而给合作社造成风险。

2. 财务风险

农民专业合作社财务风险是指合作社财务结构不合理、融资不当使合作社可能丧失偿债能力而导致投资者预期收益下降的风险。财务风险是农民专业合作社在财务管理过程中必须面对的一个现实问题，财务风险是客观存在的，农民专业合作社对财务风险只能采取有效措施来降低风险，而不可能完全消除风险。

农民专业合作社的成员大部分都是农民，由于法律知识比较匮乏，再加上规模的限制，在筹资及经营过程中存在着较大的财务风险，这些风险在所有风险中显得尤为重要，主要表现为筹资风险、运营风险、税务风险、资金流动性风险、盈余分配风险等。

在筹资过程中，大部分出资以实物出资为主、现金出资为辅，出资存在一定风险。实物出资存在公允价值计量的问题。以生物资产为主要实物资产，生物资产的公允价值计量一直是财务会计界的一个难点。由于信息不对称，实物出资者对出资的生物资产信息较充分，合作社其他成员获取的生物资产信息相对不充分。

在经营过程中，生物资产存在较大风险。从财务会计角度看，在合作社中生物资产主要以植物性生物资产和动物性生物资产为主。生物资产具有生命特征，管理、环境气候、病虫害等条件会对生物资产的生命形态产生较大影响。例如，干旱和病虫害会对植物性生物资产的生命形态产生较大的影响，人为管理如给动物性生物资产喂食和植物性生物资产施肥、灌溉等，也会对生物资产的生命形态产生较大影响。因此，生物资产具有的生命形态特性决定了生产经营中生物资产具有较大的风险。

在税收管理中的风险。按照现行税收政策，符合一定条件，合作社可以享受流转税和所得税减免税优惠政策。这些具体条件包括账务健全和为合作社成员购置和提供的农资与服务；另外，从事种植、养殖等初级农业产品业务的，也可以享受流转税和所得税减免税优惠政策。这些减免税优惠政策的条件，要求明确，标准具体，不符合条件的，要按规定缴纳税款。目前，有些合作社由于股东人员素质、治理结构和管理团队等多种因素，财务制度和内部控制制度不是很健全，财务机构不健全，财务人员配备不够合理，对征税、免税项目不能分开核算，不能取得发票和其他合法票据，存在较大的税收风险。

资金流动性风险。由于合作社成员大部分采用实物投资，生物资产销售又受到其生命周期影响，只有处在一定生命周期状态的生物资产才可以销售，这在种植和养殖专业合作社中表现尤其明显。而合作社在正常生产运营过程中，人员工资、设备和低值易耗品购置以及日常费用报销需要一定的流动资金。据了解，不少合作社一旦发生这些情况，需要合作社成员重新增资入社。合作社资金流动性不足，对合作社的运营、品牌价值产生不利影响，存在一定风险。

在盈余分配过程中，合作社存在一定的舞弊风险。一般合作社成员并不实际或者全程参与管理，理事会的治理结构难以落实到位，按出资分配和按交易量分配盈余并存，容易引起舞弊风险，从而带来法律风险。另外，合作社农产品定价的舞弊风险对盈余分配也会产生一定影响。

3. 制度风险

农民专业合作社内部组织和制度必须健全，组织制度在设立登记时要有一定的实际使用意义。内控制度必须完善，章程要明确，产权明晰，理事会、监事会职责分明，农民专业合作社成员权利与义务要明确，不能由理事长一人决定，成员大会、理事会、监事会要起到民主管理、民主监督的作用。基本会议要定期召开，不能直接由电话沟通，每次的会议应有会议记录，做到在公平和民主的基础上达到真正的透明，否则将存在制度执行不严的风险。

这类风险主要由制度的制定、执行和修改完善不到位所引发。因此制度的订立要科学、严谨，具有时效性，可操作性强；各种制度之间要相互支撑、相互制约，具有一定的约束力和监督力，形成有效的常规化工作措施；对于一些已经不适应形势变化的制度，应及时补充、修改和完善。

制度机制只是合作社用来管理的一种手段，设置或编制要具有一定的全面性、准确性，并利于执行和操作，否则将会影响农民专业合作社管理的效果，重大决策要按程序进行，慎重讨论，否则将产生风险。

4. 管理风险

2007 年，我国开始正式实施《农民专业合作社法》，2017 年 12 月 27 日第十二届全国人民代表大会常务委员会第三十一次会议又对该法进行了重新修订，并于 2018 年 7 月 1 日正式施行。这则法律对设立农民专业合作社应具备的条件及申请设立登记作出了明确规定，因此在实际操作过程中，要遵照执行，不可随意变通，否则将面临管理风险。农民专业合作社的成员对相关法律及合作社运营过程中的事项要明确，对各项财务法规等规章制度要了解，要通过多种渠道提高成员的文化水平和管理人员的管理水平。市场监督管理部门在办理注册登记时，要对申报材料的真实性进行严格考究，对于部分已解散的农民专业合作社要及时注销，起到监管的作用。不要让农民专业合作社在运营过程中存在名存实亡的现象。

5. 道德风险

道德风险是指从事经济活动的人在最大限度地增进自身效用时，做出不利于他人的行为所带来的风险。农民专业合作社中的道德风险还表现在内部会员违规的内部风险和外部龙头企业违约的外部风险两方面。内部道德风险是指农民专业合作社成员因诚信观念淡薄，受有限理性的支配而做出拖欠会费、违规生产、合同毁约行为等所带来的风险。外部道德风险是指在"订单农业"中,龙头企业利用自己的有利地位,在市场价格低于合同价格时,以农民专业合作社事先已经进行了化肥、农药、农业机械设施及种植养殖知识等大量专用性投资为缘由,压低价格或者直接从市场上收购,从而损害了农民专业合作社成员利益的风险。

因此农民专业合作社成立时的目标一定要明确,在设立时提供的材料要真实,注册资金不可弄虚作假,以实物出资的,出资资产必须详实,必须设有固定的办公场所,入会的成员数量构成必须与实际相符合,不要存在获取国家优惠政策补贴、套取项目资金和银行贷款的想法。不能通过挤占会员贷款和变相套取银行贷款等方式来发展其他实体经济或投资自己的产业,以降低合作社内部的道德风险。农民专业合作社要维护合作社成员的利益,和龙头企业谈判交涉,不能使其随意压低产品的价格,从而降低合作社外部的道德风险。

二、外部风险

1. 市场风险

市场风险是指在市场交易活动中由于市场各因素的不确定性而导致经济损失的风险。比如消费需求转移、市场价格波动(由于价格的不确定性而产生的价格风险)、市场信息不灵通、交易中的毁约行为等使相关市场参与主体遭受经济损失的可能性。

农产品市场风险主要是指农产品在生产和购销的过程中,由于市场行情的变化、消费需求转移、经济政策的改变等不确定因素所引起的实际收益与预期收益发生偏离的不确定性。农产品市场风险多数是投机风险,既存在损失的不确定性,也存在获利的不确定性。这一风险种类的管理主要靠管理者的管理水平,并且很难通过风险保险来化解,因而增加了农产品市场风险管理的难度。农业的弱质性、农产品供求的变化、小规模的农业生产方式、环节过多的流通渠道、国际农产品市场价格的影响等是我国农产品市场风险产生的主要原因。

市场风险管理要通过各种技术手段和工具对其进行预警、防范和控制,从而实现避免和降低损失的目的。

2. 自然风险

自然风险是指因自然力的不规则变化产生的现象所导致的危害农民专业合作社经济活动、物质生产或成员生命安全的风险。自然风险主要表现为气象灾害风险、地质灾害风险、环境灾害风险和生物灾害风险等。

农业项目，尤其是种植类的农业项目受自然因素影响的风险相对其他项目要更大一些，因此需要特别注意风险防范。

3. 法律风险

农民专业合作社的法律风险大量存在，如有的农民专业合作社因债权、债务不清而产生纠纷，私自解散；有的农民专业合作社注册时提供给登记部门的注册资本出资额存在虚假问题；有的挪用贷款或成员资金等。这些法律问题的存在，严重地损害了各成员的利益，在出现问题的同时，由于没有相关的证据为依据，在法律解决过程中存在着很大的弊端。

三、应对风险的措施

依据风险管理理论，借鉴国外合作社风险管理经验，我国农民专业合作社可以采取以下四种策略应对风险。

1. 回避风险

回避风险是指农民专业合作社对拟选项目进行风险分析与评价后，如果发现风险发生的概率较高、损失较大，又无其他有效的对策来降低风险时，应果断放弃，从而避免潜在损失的方法。

农民专业合作社应对风险的策略，首先考虑到的是避免风险，应当借鉴美国新一代合作社经验，建立投资项目评估审查制度，对农民专业合作社的设立或其欲投资的项目事先邀请专家进行分析评估。在完成项目风险分析与评价后，如果发现项目风险发生的概率很高，而且损失可能也很大，又没有其他有效的对策来降低风险时，应采取放弃项目、放弃原有计划或改变目标等方法，使其不发生或不再发展，从而避免可能产生的潜在损失。但是，简单的回避风险是一种最消极的风险处理办法，因为投资者在放弃风险行为的同时，往往也放弃了潜在的目标收益，所以不到无法挽回不要轻易选择回避风险。

2. 控制风险

控制风险是指农民专业合作社在风险不能避免或在从事某项经济活动势必面临某些风险时，首先想到的是如何控制风险发生，如何减少风险发生，或如何减少风险发生后所造成的损失。控制风险包括两方面含义，一是控制风险因素，减少风险的发生；二是控制风险发生的频率和降低风险损害程度。实施风险控制策略，主要从以下几方面入手。

（1）制定防范措施

防范措施得当，可以有效降低风险发生的概率，所以，农民专业合作社应牢固树立"预防为主"的理念，围绕农民专业合作社的经营决策、利润分配、安全生产、产品销售、财务管理等方面制定详尽和严密的防范措施，进行风险防范和监控。

（2）开展多种经营

分散风险是指将农民专业合作社面临损失的风险单位分离，减少风险的承受面，即"不要把全部鸡蛋放在一个篮子里"，从而达到缩小损失幅度的目的。为分散风险，农民专业合作社应在做好主营业务的基础上，审时度势积极开展多种经营。

（3）开展互助保险

实行集中风险的途径是在农民专业合作社联盟或联社内部开展互助保险。农民专业合作社联盟内部各成员单位缴纳一定数量的保险金，由合作社总部统筹管理使用。我国农业主管部门应积极引导和推动农民专业合作社联合，成立合作社联社，统筹管理使用保险金以补偿局部或个别合作社遭受的风险损失。

（4）加强教育与培训

应对风险，机制重要，但人更为关键。鉴于我国农民专业合作社成员风险认知水平普遍不高的现实，合作社必须积极主动地采用各种方式和途径，加强全员的培训与教育，增强一线人员的风险防范意识，培养和提高他们的风险处理能力，努力将风险管理隐患消除在萌芽状态，避免养痈遗患，防止蝴蝶效应。

3. 转移风险

风险转移策略是指将农民专业合作社的风险通过一定方式，有意识地转移给他人承担，避免自己受损。农民专业合作社的风险转移方式有以下几种。

(1) 财产转移

是指将存在风险的财产通过承包或租赁给具有特殊技能的人员经营，这样既利用了他人的特长和技能，又脱离了风险。

(2) 保险转移

是指通过投保方式转移给保险公司，这是风险转移的主要形式。农民专业合作社在生产经营中，可以将其固有的或可能造成的损失用小额的保险费用固定下来，避免风险损失。保险具有较强的专业性，保险合同亦为格式合同，为实现投保利益的最大化，农民专业合作社要深入研究险种及其条款，选择适合自身的最优保险方案。

(3) 合同转移

是指通过契约的方式将农民专业合作社可能遭受的风险转移给合同的另一方。当前，农民专业合作社通过契约的方式转移风险主要是发展订单农业。由于龙头企业具有开拓市场、引导生产、创新科技、深化加工、配套服务等综合功能，因此，农民专业合作社可以通过依托信誉好、竞争力强的龙头企业发展订单农业来转移风险。

(4) 衍生性工具转移

是指利用期货、期权合约等工具规避资产价值波动所引起的价格风险，用于资产保值。为规避风险，农民专业合作社应借鉴国外成熟经验，合理利用期货、期权等衍生性工具进行套期保值交易，转移现货市场价格波动的风险，以获取稳定的收益。当然，利用衍生性工具需要专业的知识和技能，运用不当也会造成额外的损失，所以，农民专业合作社应根据自身情况，探索适合自身特点的入市模式。经济实力雄厚、经营能力强的农民专业合作社，可根据自身承受风险的能力，在充分做好套期保值方案的基础上，直接进入期货市场套期保值；尚处起步阶段的农民专业合作社，可以采取与期货交易经验比较丰富的企业进行合作的方式参与期货市场，在合作的过程中不断积累经验，逐步实现由间接参与向直接参与转变。

4. 承担风险

承担风险也称风险自留，是指将农民专业合作社生产经营过程中不可避免,又不能完全控制和分散的风险承受下来,自己承担风险所造成的损失。

农民专业合作社风险接受策略的处理方式为:一是将损失计入经营成本,损失发生时用收益来补偿。二是建立专项风险基金,专门用于风险接受的损失补偿。风险基金可以从农民专业合作社当年营业额盈余中按比例提取,逐年积累,形成抗风险的有力后盾。

案例 山东省蒙阴县某家禽养殖合作社

蒙阴县某家禽养殖合作社成立于2004年9月,经过三年多的实践探索,总结出了"公司+合作社+养殖户"的经营模式,"成员代表大会+支部大会+理(监)事会"的管理模式,实现了加快自身发展与带领成员共同致富的双赢。目前,合作社固定资产达到440多万元,流动资金300多万元。2007年上半年,全社实现产值4500万元,为养殖户创造利润600多万元。

一、整合资源,创立合作社,联合闯市场

2000年下半年,高中毕业的刘某在积累了一定资金和社会经营经验后,在县城成立了临沂某饲料蒙阴销售中心,年销售饲料1000吨,纯利润10多万元。在销售过程中,他发现许多养殖户存在着进料渠道单一、引进种苗品种繁杂、兽药质量不能保证、销售杂乱无章、市场无序等情况,极大地打击了养殖户的养殖积极性,严重影响了农民的经济收入,制约了养鸡业的健康发展。县委、县政府《关于加快农民经济合作组织建设意见》的出台,让刘某看到了发展的希望,他与部分养鸡户共同分析形势,认为通过整合资源优势,可以共同抵御市场风险。在县、镇有关部门的大力支持下,他挑头成立了蒙阴县文友家禽养殖合作社。合作社成员主要是从事肉鸡养殖的农村富余劳力和城镇下岗职工等。

合作社充分发挥"联合闯市场、合作奔小康"的群体优势,紧紧围绕肉鸡的产供销各个环节,发挥自身职能,实行"四统一"服务。统一供苗,由合作社统一从正规大厂引进优质种苗,供应成员;统一供料,合作社从饲料厂家购进饲料,统一分发给养殖户使用;统一疫病防治,由合作社专业技术人员深入养殖大棚,为养殖户提供疫病防治服务;统一成鸡销售,不管是市场鸡,还是保价鸡,均由合作社统一外销,防止成员因个人销售而导致的经济损失。

二、纵横联合，资源共享，带领群众致富奔小康

为了把家禽养殖合作社真正办成养殖户自己的合作社，让成员在这里得到优良的饲料、药品、良种和优质的服务，按照"民办、民管、民受益"的原则，在合作社建立之初，就建立健全了严格的管理制度，召开成员大会，选举产生了理事会、监事会，制定了成员章程。按章程规定，凡入社群众须由个人自愿书写入社申请书，并经理事会、监事会考察后，根据实际情况，决定是否接收其为成员，入社成员须缴纳 100 元会费，合作社签发会员证，成员凭证享受合作社的有关优惠政策。

为加强对合作社的管理，理事会、监事会和成员代表大会职责分明，协调并进。理事会具体负责经营管理工作，监事会对理事会的工作进行监督，成员代表大会有权选举、罢免理事会、监事会成员，理事会和监事会定期向成员代表大会汇报工作，重大事项须经成员代表大会审查通过。合作社进一步完善了财务管理制度、饲料购销制度、种苗引进制度和疫病防治制度等，并将章程和制度上墙公开，以便于成员监督。特别是在财务工作方面，合作社聘请了两位财会人员做会计和现金出纳，认真做好会计账务，并把全社的往来资金、成员养殖、销售、盈利情况，鸡苗引进与成鸡销售时间，饲料与药品的使用情况等录入微机，实行微机化管理。财务收支实行社长一支笔签字制度，杜绝了财务混乱状况。

合作社成员横向联合形成利益共同体，并与公司纵向联合，签订合同，规范和制约双方的责、权、利，充分显示了合作经营的巨大优势。在鸡苗购进上，与江苏省海门市某种禽有限公司签订 480 万只鸡苗合同，以每只低于市场价 2 角钱的价格供应给成员，为成员节省鸡苗钱近百万元；在饲料购进上，与临沂某饲料有限公司签订 2 万吨饲料合同，争取到低于市场 15% 的价格，为成员每年可节省饲料钱 300 多万元；在药品购进上，与河北某药业有限公司签订合同，以优惠 10% 的价格供应成员，每年节省药品钱 40 多万元；在成品鸡的销售上，合作社与某集团签订合同，按每 500 克高出市场价 2 分钱的价格收购，每年可为成员增加收入 40 多万元；在技术服务上，为彻底解决养殖户在疫病防治中的困难，合作社聘请了中国畜牧兽医学会禽病学专家作特邀技术顾问。在平时工作中，多次邀请国内知名畜禽专家为成员授课培训，有 2 名专业技术员常驻合作社，并配备了 2 辆技术服务车，深入养殖户做技术指导和养殖示范，做到小病治疗、大病预防。为确保成员获得最大的经济效益，合作社把养殖户的养殖成活率提到最高，每只鸡用药量降到最低。合作社和聘用技术员签订了严格的服务协议，实行绩效工资。协议规定，养殖户的每棚鸡成活率必须达到 95% 以上，高于 95%，每增长一个百分点，奖励技术服务人员 0.02 元/只；低于 95%，每降低一个百分点，从技术服务人员的基本工资中扣 0.04 元/只。每棚鸡一只鸡的用药量最高为 1 元，高于 1

元扣技术服务人员基本工资 0.02 元/只;低于 1 元,奖励技术服务人员 0.01 元/只。现在,全社成员的养鸡成活率全部在 96% 以上,每只鸡的用药剂量均低于 0.9 元,仅此一项,每年可为养殖户增收 100 多万元,目前,全社 360 多个养殖大棚无一出现重大疫情。

通过采取一系列措施,解决了一家一户分散经营难以与千变万化大市场之间对接的矛盾,为产品进入市场架起了桥梁,促进了农业向规模化、区域化、专业化发展,改变了农民在市场交易中的弱势地位,增强了市场竞争力。

三、优质服务,心系成员,壮大合作组织

为规范管理,在成员入社时,合作社就与成员签订协议书,明确双方的权利和义务,让养殖户养得放心、挣得舒心。为让养殖户多养鸡、多挣钱,经理事会、监事会研究,并提交成员代表大会通过,制定了对成员的优惠政策。合作社的巨大生命力,一方面靠的是优质的服务,另一方面靠的就是如何让成员获得更大的经济实惠。合作社除了把流通环节节省出来的费用让利于成员外,还把从各个厂家争取到的各种补贴以二次返利的形式重新分配给成员。2006 年年初,刘某多方争取资金 60 多万元,按养殖数量每只成鸡近 0.15 元补贴返还成员。同时,还从风险基金中拿出近 4 万元先后为因不慎失火而造成重大损失的成员补贴,帮助他们建起了大棚,重新树起了养殖的信心。2007 年"8.17"特大暴风雨袭击蒙阴,合作社有 10 户成员大棚不同程度受损,造成直接经济损失 92 多万元。灾情发生后,合作社迅速和各合作企业联系,多方争取企业扶持款 10 多万元,并及时送到受灾户手中。两年来,合作社还筹资 5000 多元,走访慰问了贫困户和五保老人,筹资 2000 元资助特困生。

合作社充分发挥自身"联合闯市场,合作奔小康"的优势,先后为蒙阴镇熊家万村的 30 多家特困户送去了资金、技术、信息等服务,使他们摆脱了贫困,走上了小康。蒙阴镇万宝地村某养鸡户,从 1995 年开始养鸡,养鸡养了不少,但钱挣得不多,甚至亏本。2006 年 1 月加入合作社后,在合作社的帮助指导下,一年养了 5 棚鸡,每棚鸡纯收入都在 1 万元以上,几批下来,纯收入就达 6 万多元。养殖户说:"有钱没钱一样养,有技术没技术一样挣钱,这是入社带来的最大实惠"。某成员投资 3 万多元建了大棚,刚养了一棚鸡就被洪水冲毁,合作社及时为其送去了 6000 元现金,帮助他重建大棚,他高兴地说:"入了合作社就像入了保险一样,养鸡更放心了!"。

合作社为尽量减少各流通环节的费用,真正让利于养殖户,切实架起合作社与养殖户之间的致富金桥,为进一步扩大发展规模,经合作社理事会、监事会研究,并提请成员代表大会通过,计划征地 100 亩,筹资 1000 多万元建设大型标准化种鸡孵化厂。通过发展合作社,延长家禽养殖产业链条,为成员提供更大的实惠,公司的发展模式将真正实现自身发展与成员共同致富的双赢。

通过上述案例，请对蒙阴县某家禽养殖合作社运用SWOT分析法进行如下几个方面的剖析，以利于合作社进一步发展壮大。

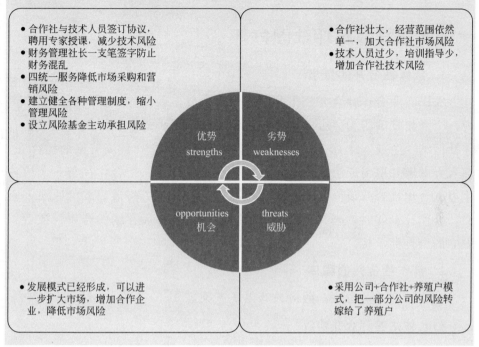

课外项目

调查一家当地"党支部＋合作社＋农户"或"党支部＋公司＋合作社＋家庭农场"经营模式的合作社，分析该合作社存在的各种风险，总结其应对风险的措施。

农民专业合作社的整合管理包括合作社的合并、分立、解散和清算，既包含财产分割、债务清偿等实体性法律制度，也包含通知、公告等程序性法律制度。这一部分法律制度的核心问题是当法定事由出现或者法定及

约定的条件满足时,对合作社的财产及债权债务的妥善处置,以便兼顾成员利益与合作社交易相对人的利益。

一、农民专业合作社的合并

1. 合作社合并的概念

农民专业合作社合并是指两个或者两个以上的合作社依照法定程序变为一个合作社的行为。合并主要有两种形式:一种是吸收合并,指一个合作社接纳一个或一个以上的其他合作社加入本合作社,接纳方继续存在,加入方解散并取消原法人资格;另一种是新设合并,指合作社与一个或一个以上合作社合并设立一个新的合作社,原合并各方解散,取消原法人资格。合作社合并时,合并各方的债权、债务由合并后存续的合作社或者新设立的合作社承接。

2. 合作社合并的程序

合作社合并的程序一般应该有以下五项。

(1) 依法签订合并协议

合并协议一般应有如下内容:①合并各方的名称、住所;②合并后存续合作社或新设合作社的名称、住所;③合并各方的债务债权处理办法;④合并各方的资产状况及其处理办法;⑤存续或新设合作社因合并而新增的股金总额;⑥合并各方认为需要载明的其他事项。

(2) 编制资产负债表及财产清单

资产负债表是反映农民专业合作社资产及负债情况和成员权益的主要会计报表,合并各方应当真实、全面地编制此表,不得隐瞒合作社的债权和债务,真实反映合作社的财产情况。

农民专业合格社合并时要编制翔实准确的财产清单,以反映合作社的财产状况。

(3) 成员大会作出决议

有意向合并的合作社,在签订合并协议并编制资产负债表及财产清单后,成员大会应就是否合并、如何合并等事项作出决议。《农民专业合作社法》规定,成员大会作出合并、分立、解散的决议,应当由本社成员表决权总数的三分之二以上通过,章程对表决权数有较高规定的,从其规定。

（4）通知债权人

《农民专业合作社法》规定，合作社合并，应当自合并决议作出之日起十日内通知债权人。合并各方的债权、债务应当由合并后存续或者新设的组织承继。但是，如果合作社未依法通知债权人，将不得以其合并为由对抗债权人清偿债务。

（5）依法进行登记

合作社合并后，应当及时向市场监督管理部门办理有关法人登记手续。吸收合并后存续的合作社，应当依法办理合作社设立登记；合并后解散的合作社，应当依法办理注销登记。

目前，合作社合并应按宜简不宜繁的原则，采用权益结合法进行账务处理，不要求对合并各方的资产进行重新估价，也不确认商誉，以原账面价值进行合并处理。

权益结合法是指将规模大小相当的经济组织资产、负债和股东权益联合起来组成一个单一的、更大的经济实体，把经济组织合并作为各个合并方经济资源以及相关风险和收益的联合，不要求对被购买方的资产进行重新估价，留存收益也同样予以合并。

3. 合作社合并的账务处理

（1）加入方的账务处理

① 财产清查的处理　加入方应对本合作社的固定资产、流动资产、无形资产、长期投资、农业资产以及其他资产进行全面清查登记，同时对各项债权债务进行全面核对查实。财产清查完毕后，应当编制资产负债表及财产清单，对财产清查过程中发现的以下情况，要填入资产负债表补充资料：a. 无法收回的应收款项；b. 盘亏、毁损和报废的存货；c. 无法收回的对外投资；d. 死亡毁损的农业资产；e. 盘亏、毁损和报废的固定资产；f. 毁损和报废的在建工程；g. 注销和无效的无形资产。

② 结束旧账　加入方合作社结束旧账时，借记所有负债和所有者权益科目的余额，贷记所有资产科目的余额。

（2）接纳方的账务处理

① 采取吸收合并方式的，按加入方资产负债表，借记所有资产科目余额，贷记所有负债和"股金"及"专项基金"科目。接纳方为合并而发生的各项直

接费用，如审计费、法律服务费等，应当于发生时计入当期损益。

② 采取新设合并方式的，新设合并的合作社，需要重新建立新账，要按照《农民专业合作社会计制度（试行）》的规定，设置会计科目，编制对接表，进行完整的会计核算。按各方资产负债表，借记所有资产科目余额，贷记所有负债科目和"股金"及"专项基金"科目余额。

新设合并过程中各方为合并而发生的直接费用，应当于发生时计入各自的当期损益或记入新设合作社的损益。

4. 会计报表

（1）加入方合作社

加入方合作社在办理产权转移手续期间，应按以下规定编报会计报表并报送主管部门：①开始清理财产时，应编制资产负债表、损益表和盈余及盈余分配表。②清理财产工作完毕时，应向主管部门移交资产负债清册，并编制资产负债表。③在产权转移成交后，应编制合并成交日的资产负债表。

（2）接纳方合作社

接纳方接受加入方合作社，应按《农民专业合作社财务会计制度（试行）》编制成交日的资产负债表，报送主管部门。

5. 会计档案的移交

加入方合作社办理产权转移手续后，应办理会计档案移交手续。加入方合作社的会计档案原则上应由接纳方合作社保管。会计档案保管要求和保管期限应当符合《会计档案管理办法》的规定。

二、农民专业合作社的分立

1. 合作社分立的概述

合作社分立是指一个合作社依据法律规定，通过成员大会决议分成两个或者两个以上的合作社。合作社的分立有两种形式：一种是存续分立，指合作社以其部分财产和业务设立另外的新合作社，本合作社存续；另一种是解散分立，指合作社以全部财产归入两个以上新的合作社，原合作社解散。合作社分立前的债务，按所达成的协议由分立后的合作社承担，分立后的合作社对分立前的债务承担连带责任。

但是，在分立前与债权人就债务清偿达成的书面协议另有约定的除外。

《农民专业合作社登记管理条例（修订草案征求意见稿）》第二十一条规定：农民专业合作社因分立申请变更登记或者设立登记的，还应当提交成员大会或者成员代表大会依法做出的分立决议，以及农民专业合作社债务清偿或者债务担保情况的说明。

2. 合作社的分立程序

合作社的分立程序与合并的程序基本一样，要签订分立协议，清理财产，清理债务，办理登记等。

3. 合作社分立的账务处理

合作社分立前，要对固定资产、流动资产、无形资产、农业资产、长期投资以及其他资产进行全面清查，同时对各项资产损失以及债权债务进行全面核对查实。对财产清查过程中发现的资产盘盈、盘亏、毁损、报废等，应按《农民专业合作社财务会计制度（试行）》和章程的规定，经批准后计入当期损益，同时转销相关资产的账面价值。

一般情况下，不管以何种方式分立，分立合作社和被分立合作社对分立资产、负债及成员权益均以账面价值入账。分立合作社均按账面价值，注册登记的股本，贷记"股金"。

三、农民专业合作社的解散与清算

1. 合作社的解散

《农民专业合作社法》规定，合作社解散的原因有四种情形：一是章程规定的解散事由出现；二是成员大会决议解散；三是因合并或者分立需要解散；四是依法被吊销营业执照或者被撤销。

2. 成立清算组

合作社因前款第一项、第二项、第四项原因解散，应当在解散事由出现之日起十五日内，由成员大会推举成员组成清算组，开始解散清算。逾期不能成立的清算组，成员、债权人可向人民法院申请指定成员组成清算组进行清算，人民法院应当受理该申请，并及时指定成员组成清算组进行清算。

合作社因前款第一项原因解散，或者人民法院受理破产申请时，不能办理成员退社手续。

3. 清算程序

(1) 清算组接管合作社

负责处理与清算有关的未了业务，清理财产和债权债务，分配清偿债务后的剩余财产，代表合作社参与诉讼、仲裁或其他法律程序，并在清算结束时办理注销登记。

(2) 清算组发布公告

清算组自成立之日起十日内通知合作社成员和债权人，并于六十日内在报纸上（或者通过国家企业信用信息公示系统）公告。债权人应当自接到通知之日起三十日内，未接到通知的自公告之日起四十五日内，向清算组申报债权。如在规定期间内全部成员、债权人均已收到通知，免除清算组公告义务。

债权人申报债权，应当说明债权的有关事项，并提供证明材料。清算组应当对债权进行登记。债权申报期间，清算组不得对债权人进行清偿。

(3) 制定清算方案

清算组负责制定包括清偿合作社员工的工资及社会保险费用，清偿所欠税款和其他各项债务，以及分配剩余财产在内的清算方案，经成员大会或者申请人民法院确认后实施。清算组发现合作社的财产不足清偿债务的，应当向人民法院申请破产。

(4) 实施清算方案

清算方案实施的程序是：支付清算费用；清偿员工工资及社会保险费用；清偿所欠税款和其他债务；按财产分配的规定向成员分配剩余财产。

《农民专业合作社登记管理条例（修订草案征求意见稿）》第二十五条规定：成立清算组的农民专业合作社应当自清算结束之日起30日内，由清算组全体成员指定的代表或者委托的代理人向原登记机关申请注销登记，并提交下列文件：

（一）清算组负责人签署的注销登记申请书；

（二）农民专业合作社依法做出的解散决议，农民专业合作社依法被吊销营业执照或者被撤销的文件，人民法院的破产裁定、解散裁判文书；

（三）成员大会、成员代表大会或者人民法院确认的清算报告；

（四）营业执照；

（五）清算组全体成员指定代表或者委托代理人的证明。

4. 清算的有关规定

（1）合作社接受国家补助财产的规定

合作社接受国家财政直接补助形成的财产在解散、破产清算时，不得作为可分配剩余资产分配给成员，具体按照国务院财政部门有关规定执行。

（2）清算组成员的规定

清算组成员应当忠于职守，依法履行清算义务，因故意或者重大过失给农民专业合作社成员及债权人造成损失的，应当承担赔偿责任。

（3）合作社破产的有关规定

合作社破产适用企业破产法的有关规定，但是，破产财产在清偿破产费用和公益性债务后，应当优先清偿破产前与农民成员已发生交易尚未结清的款项。

5. 解散清算的会计核算

（1）账户设置

合作社在解散清算与破产清算情况下，一般应设置"清算费用"和"清算损益"两个基本账户，用以专门反映和监督清算中的特定事项。

①"清算费用"账户是专门用于核算合作社清算期间所发生的各项费用支出的。清算费用记入该账户的借方，在清算结束时，将清算费用的全部发生额从该账户的贷方转入"清算损益"账户的借方，本账户无余额。

②"清算损益"账户是专门用于核算合作社清算期间所发生的各项收益和损失的。清算收益记入该账户的贷方，清算损失记入该账户的借方，最后将清算费用全部转入该账户的借方。期末，账户借方余额表示清算净损失，贷方余额表示清算净收益。

（2）清算账务处理步骤

① 编制解散日资产负债表；

② 核算清算费用;
③ 核算变卖财产物资的损益;
④ 核算收回债权、清偿债务及损益;
⑤ 核算弥补以前年度亏损;
⑥ 核算剩余财产及其分配;
⑦ 编制清算损益表、清算结束日资产负债表。

课外项目

从经营业务、财务、合作社成员、合作社文化、风险等方面,撰写一个关于你的合作社管理经验书。

附录一 关于实施家庭农场培育计划的指导意见

各省、自治区、直辖市人民政府，国务院各部委、各直属机构：

家庭农场以家庭成员为主要劳动力，以家庭为基本经营单元，从事农业规模化、标准化、集约化生产经营，是现代农业的主要经营方式。党的十八大以来，各地区各部门按照党中央、国务院决策部署，积极引导扶持农林牧渔等各类家庭农场发展，取得了初步成效，但家庭农场仍处于起步发展阶段，发展质量不高、带动能力不强，还面临政策体系不健全、管理制度不规范、服务体系不完善等问题。为贯彻落实习近平总书记重要指示精神，加快培育发展家庭农场，发挥好其在乡村振兴中的重要作用，经国务院同意，现就实施家庭农场培育计划提出以下意见。

一、总体要求

（一）指导思想。以习近平新时代中国特色社会主义思想为指导，全面贯彻党的十九大和十九届二中、三中全会精神，紧紧围绕统筹推进"五位一体"总体布局和协调推进"四个全面"战略布局，落实新发展理念，坚持高质量发展，以开展家庭农场示范创建为抓手，以建立健全指导服务机制为支撑，以完善政策支持体系为保障，实施家庭农场培育计划，按照"发展一批、规范一批、提升一批、推介一批"的思路，加快培育出一大批规模适度、生产集约、管理先进、效益明显的家庭农场，为促进乡村全面振兴、实现农业农村现代化夯实基础。

（二）基本原则。

坚持农户主体。坚持家庭经营在农村基本经营制度中的基础性地位，鼓励有长期稳定务农意愿的农户适度扩大经营规模，发展多种类型的家庭农场，开展多种形式合作与联合。

坚持规模适度。引导家庭农场根据产业特点和自身经营管理能力，实现最佳规模效益，防止片面追求土地等生产资料过度集中，防止"垒大户"。

坚持市场导向。遵循家庭农场发展规律，充分发挥市场在推动家庭农场发展中的决定性作用，加强政府对家庭农场的引导和支持。

坚持因地制宜。鼓励各地立足实际，确定发展重点，创新家庭农场发展思路，务求实效，不搞一刀切，不搞强迫命令。

坚持示范引领。发挥典型示范作用，以点带面，以示范促发展，总结推广不同类型家庭农场的示范典型，提升家庭农场发展质量。

（三）发展目标。到 2020 年，支持家庭农场发展的政策体系基本建立，管理制度更加健全，指导服务机制逐步完善，家庭农场数量稳步提升，经营管理更加规范，经营产业更加多元，发展模式更加多样。到 2022 年，支持家庭农场发展的政策体系和管理制度进一步完善，家庭农场生产经营能力和带动能力得到巩固提升。

二、完善登记和名录管理制度

（四）合理确定经营规模。各地要以县（市、区）为单位，综合考虑当地资源条件、行业特征、农产品品种特点等，引导本地区家庭农场适度规模经营，取得最佳规模效益。把符合条件的种养大户、专业大户纳入家庭农场范围。（农业农村部牵头，林草局等参与）

（五）优化登记注册服务。市场监管部门要加强指导，提供优质高效的登记注册服务，按照自愿原则依法开展家庭农场登记。建立市场监管部门与农业农村部门家庭农场数据信息共享机制。（市场监管总局、农业农村部牵头）

（六）健全家庭农场名录系统。完善家庭农场名录信息，把农林牧渔等各类家庭农场纳入名录并动态更新，逐步规范数据采集、示范评定、运行分析等工作，为指导家庭农场发展提供支持和服务。（农业农村部牵头，林草局等参与）

三、强化示范创建引领

（七）加强示范家庭农场创建。各地要按照"自愿申报、择优推荐、逐级审核、动态管理"的原则，健全工作机制，开展示范家庭农场创建，引导其在发展适度规模经营、应用先进技术、实施标准化生产、纵向延伸农业产业链价值链以及带动小农户发展等方面发挥示范作用。（农业农村部牵头，林草局等参与）

（八）开展家庭农场示范县创建。依托乡村振兴示范县、农业绿色发展先行区、现代农业示范区等，支持有条件的地方开展家庭农场示范县创建，探索系统推进家庭农场发展的政策体系和工作机制，促进家庭农场培

育工作整县推进,整体提升家庭农场发展水平。(农业农村部牵头,林草局等参与)

(九)强化典型引领带动。及时总结推广各地培育家庭农场的好经验好模式,按照可学习、易推广、能复制的要求,树立一批家庭农场发展范例。鼓励各地结合实际发展种养结合、生态循环、机农一体、产业融合等多种模式和农林牧渔等多种类型的家庭农场。按照国家有关规定,对为家庭农场发展作出突出贡献的单位、个人进行表彰。(农业农村部牵头,人力资源社会保障部、林草局等参与)

(十)鼓励各类人才创办家庭农场。总结各地经验,鼓励乡村本土能人、有返乡创业意愿和回报家乡愿望的外出农民工、优秀农村生源大中专毕业生以及科技人员等人才创办家庭农场。实施青年农场主培养计划,对青年农场主进行重点培养和创业支持。(农业农村部牵头,教育部、科技部、林草局等参与)

(十一)积极引导家庭农场发展合作经营。积极引导家庭农场领办或加入农民合作社,开展统一生产经营。探索推广家庭农场与龙头企业、社会化服务组织的合作方式,创新利益联结机制。鼓励组建家庭农场协会或联盟。(农业农村部牵头,林草局等参与)

四、建立健全政策支持体系

(十二)依法保障家庭农场土地经营权。健全土地经营权流转服务体系,鼓励土地经营权有序向家庭农场流转。推广使用统一土地流转合同示范文本。健全县乡两级土地流转服务平台,做好政策咨询、信息发布、价格评估、合同签订等服务工作。健全纠纷调解仲裁体系,有效化解土地流转纠纷。依法保护土地流转双方权利,引导土地流转双方合理确定租金水平,稳定土地流转关系,有效防范家庭农场租地风险。家庭农场通过流转取得的土地经营权,经承包方书面同意并向发包方备案,可以向金融机构融资担保。(农业农村部牵头,人民银行、银保监会、林草局等参与)

(十三)加强基础设施建设。鼓励家庭农场参与粮食生产功能区、重要农产品生产保护区、特色农产品优势区和现代农业产业园建设。支持家庭农场开展农产品产地初加工、精深加工、主食加工和综合利用加工,自建或与其他农业经营主体共建集中育秧、仓储、烘干、晾晒以及保鲜库、冷链运输、农机库棚、畜禽养殖等农业设施,开展田头市场建设。支持家庭农场参与高标准农田建设,促进集中连片经营。(农业农村部牵头,发展改革委、财政部、林草局等参与)

(十四)健全面向家庭农场的社会化服务。公益性服务机构要把家庭农场作为重点,提供技术推广、质量检测检验、疫病防控等公益性服务。鼓励农业科研人员、农技推广人员通过技术培训、定向帮扶等方式,为家庭农场提供先进适用技术。支持各类社会化服务组织为家庭农场提供耕种防收等生产性服务。鼓励和支持供销合作社发挥自身组织优势,通过多种形式服务家庭农场。探索发展农业专业化人力资源中介服务组织,解决家庭农场临时性用工需求。(农业农村部牵头,科技部、人力资源社会保障部、林草局、供销合作总社等参与)

(十五)健全家庭农场经营者培训制度。国家和省级农业农村部门要编制培训规划,县级农业农村部门要制定培训计划,使家庭农场经营者至少每三年轮训一次。在农村实用人才带头人等相关涉农培训中加大对家庭农场经营者培训力度。支持各地依托涉农院校和科研院所、农业产业化龙头企业、各类农业科技和产业园区等,采取田间学校等形式开展培训。(农业农村部牵头,教育部、林草局等参与)

(十六)强化用地保障。利用规划和标准引导家庭农场发展设施农业。鼓励各地通过多种方式加大对家庭农场建设仓储、晾晒场、保鲜库、农机库棚等设施用地支持。坚决查处违法违规在耕地上进行非农建设的行为。(自然资源部牵头,农业农村部等参与)

(十七)完善和落实财政税收政策。鼓励有条件的地方通过现有渠道安排资金,采取以奖代补等方式,积极扶持家庭农场发展,扩大家庭农场受益面。支持符合条件的家庭农场作为项目申报和实施主体参与涉农项目建设。支持家庭农场开展绿色食品、有机食品、地理标志农产品认证和品牌建设。对符合条件的家庭农场给予农业用水精准补贴和节水奖励。家庭农场生产经营活动按照规定享受相应的农业和小微企业减免税收政策。(财政部牵头,水利部、农业农村部、税务总局、林草局等参与)

(十八)加强金融保险服务。鼓励金融机构针对家庭农场开发专门的信贷产品,在商业可持续的基础上优化贷款审批流程,合理确定贷款的额度、利率和期限,拓宽抵质押物范围。开展家庭农场信用等级评价工作,鼓励金融机构对资信良好、资金周转量大的家庭农场发放信用贷款。全国农业信贷担保体系要在加强风险防控的前提下,加快对家庭农场的业务覆盖,增强家庭农场贷款的可得性。继续实施农业大灾保险、三大粮食作物完全成本保险和收入保险试点,探索开展中央财政对地方特色优势农产品保险以奖代补政策试点,有效满足家庭农场的风险保障需求。鼓励开展家庭农场综合保险试点。(人民银行、财政部、银保监会牵头,农业农村部、林草局等参与)

(十九)支持发展"互联网+"家庭农场。提升家庭农场经营者互联网应用水平,推动电子商务平台通过降低入驻和促销费用等方式,支持家庭农场发展农村电子商务。鼓励市场主体开发适用的数据产品,为家庭农场提供专业化、精准化的信息服务。鼓励发展互联网云农场等模式,帮助家庭农场合理安排生产计划、优化配置生产要素。(商务部、农业农村部分别负责)

(二十)探索适合家庭农场的社会保障政策。鼓励有条件的地方引导家庭农场经营者参加城镇职工社会保险。有条件的地方可开展对自愿退出土地承包经营权的老年农民给予养老补助试点。(人力资源社会保障部、农业农村部分别负责)

五、健全保障措施

(二十一)加强组织领导。地方各级政府要将促进家庭农场发展列入重要议事日程,制定本地区家庭农场培育计划并部署实施。县乡政府要积极采取措施,加强工作力量,及时解决家庭农场发展面临的困难和问题,确保各项政策落到实处。(农业农村部牵头)

(二十二)强化部门协作。县级以上地方政府要建立促进家庭农场发展的综合协调工作机制,加强部门配合,形成合力。农业农村部门要认真履行指导职责,牵头承担综合协调工作,会同财政部门统筹做好家庭农场财政支持政策;自然资源部门负责落实家庭农场设施用地等政策支持;市场监管部门负责在家庭农场注册登记、市场监管等方面提供支撑;金融部门负责在信贷、保险等方面提供政策支持;其他有关部门依据各自职责,加强对家庭农场支持和服务。(各有关部门分别负责)

(二十三)加强宣传引导。充分运用各类新闻媒体,加大力度宣传好发展家庭农场的重要意义和任务要求。密切跟踪家庭农场发展状况,宣传好家庭农场发展中出现的好典型、好案例以及各地发展家庭农场的好经验、好做法，为家庭农场发展营造良好社会舆论氛围。（农业农村部牵头）

（二十四）推进家庭农场立法。加强促进家庭农场发展的立法研究，加快家庭农场立法进程，为家庭农场发展提供法律保障。鼓励各地出台规范性文件或相关法规，推进家庭农场发展制度化和法制化。（农业农村部牵头，司法部等参与）

中央农村工作领导小组办公室　农业农村部　国家发展改革委
财政部　自然资源部　商务部
人民银行　市场监管总局　银保监会
全国供销合作总社　国家林草局

2019年8月27日

附录二 家庭农场管理制度范本

第一章 总则

第一条 为促进家庭农场规范化发展，切实发挥其在构建新型农业经营体系中的骨干作用，根据国家有关法规和政策规定，结合本场实际，制定本制度。

第二条 家庭农场流转农村土地经营权，必须签订规范的流转合同，并到村民委员会和乡镇农经管理部门备案登记。

第三条 家庭农场可以领办或以成员身份加入农民合作社，积极参与农业产业化经营。

第四条 家庭农场应严格执行国家有关农业标准化生产和农产品质量安全的法规和政策。

第五条 家庭农场合法权益受法律保护，任何单位和个人不得干预家庭农场自主经营权和内部事，不得强迫家庭农场接受有偿服务，不得违规向家庭农场收费、摊派和罚款。

第六条 家庭农场登记注册事项发生变动的，应及时向有关部门申请变更登记，换发相关证照。

第七条 家庭农场应自觉接受农经管理部门和相关部门的指导和监督。认真执行《个体工商户年度报告暂行办法》，应当于每年6月30日前，通过向市场监管部门设立的企业信用信息公示系统报送上一年度报告并公示。

第二章 岗位责任制度

第八条 家庭农场从业人员要有明确的分工，结合自身实际，设置生产主管、销售主管和财务主管等岗位，明确工作职责。有条件的可以设置部门经理。

第九条 家庭农场实行农场主负责制，农场主统揽全场工作，主要是拟定发展目标和计划，制定管理制度，加强从业人员管理，有序组织生产经营活动，加强财务审核审批，协调解决农场重大事宜，争取各项扶持政策，开展工作考核和总结评比。

第十条 生产主管岗位职责：拟订并落实家庭农场年度生产计划，制定并实施生产技术规程；组织所需的生产资料，提供技术指导、服务和培训，抓好病（疫）虫害防治；组织标准化生产并负责完善相关记录，建立质量追溯机制；加强农业机械设备维护和仓储运输工作。

第十一条 销售主管岗位职责：拟定并落实年度销售计划，预测销售市场，开辟销售渠道，寻求定向合作，探求订单销售和网络销售方式；负责签订销售合同，规范销售凭据，回收销售款项；坚守公平竞争和诚实守信商业道德，保证产品销售质量和数量，维护家庭农场整体形象；努力降低销售成本，最大程度地实现家庭农场既得利益；建立销售台账，及时报告销售业绩。

第十二条 财务主管岗位职责：拟定并落实年度财务计划和预算方案，制定并执行家庭农场内部财务监督管理办法；遵守财产物资采购审批程序，加强财产物资安全领用、保管；建立健全财务会计账簿，组织财务核算，按时提交、报送财务报告。

第十三条 家庭农场各岗位之间要精诚合作，建立奖勤罚懒、评先创优机制。

第三章 标准化生产制度

第十四条 家庭农场必须具有一定的生产经营规模，有稳定的生产基地，有固定的办公场所，有配套的设施设备，有醒目的标识标牌。

第十五条 家庭农场应结合自身行业特点，科学制定生产操作规范，生产（加工、贮运、销售）优质、高效、生态和安全的农产品。

第十六条 家庭农场应严格农业投入品管理使用。

（一）种子、种畜管理使用

严格控制种子来源，采购和使用的种子必须具备种子生产许可证、种子质量合格证，引进种子必须有检疫证明；有专门的种子仓库和保管人员，种子应有详细的进库、出库记录，过期种子应及时清理。引进种用畜禽，在引种之前，须向县动物卫生监督机构申报备案，引入后及时向县动物卫生监督机构或报检点报告，并按规定进行隔离、观察，期满后经检疫合格再合群。

（二）农药、化肥管理使用

严格按照国家《农药合理使用准则》和《农药安全使用标准》执行，严格执行禁（限）用农药以及安全间隔期的规定，不得超范围使用农药和随意加大用药量。设立专门的农药仓库和保管人员，保管人员应核对农药的数量、品种和"三证"后，方可入库。积极使用生物农药，尽量减少化学农药的使用，根据病虫害发生情况或有关技术部门的病虫预报，规范用药,做到适时防治,对症下药,并注意农药的交替使用,以提高药效。及时做好农药使用的田间档案记录,配合检测部门开展检测,严格防止农产品农药残留超标。严格执行肥料合理使用准则,施肥以有机肥为主,化肥为辅;以多元素肥料为主,单元素肥料为辅;以基肥为主,追肥为辅。必须购买"三证"齐全的产品,不使用城市垃圾。肥料应按种类不同分开堆放于干燥、阴凉的仓库贮存。

(三)兽药、饲料和饲料添加剂管理和使用

认真审查兽药、饲料和饲料添加剂标签和说明书,检查包装,符合国家规定的方可购入并妥善保管。严禁使用瘦肉精、三聚氰胺、苏丹红、氯霉素、呋喃唑酮等禁用药品。严格按规定使用性激素、镇静剂等。禁止在饲料中直接添加原料药。遵守兽药休药期规定,未满休药期的畜禽不得出售,屠宰,不得用于食品消费。兽药、饲料和饲料添加剂购入、使用、诊疗等按要求进行记录。

第十七条 家庭农场应按照产地环境保护、产品质量安全管理要求,加强农产品标准化生产管理。有条件的要聘请固定的生产技术人员或专家顾问,专门负责标准化生产技术指导和监测服务。

(一)制定标准化生产操作规程

从事种植业的要合理选择优质抗病高产品种,实行科学栽培管理;坚持科学、平衡施肥原则,推广使用有机肥和生物肥;推广农业防治、生态防治、物理防治技术;注重搞好田园清洁、土壤消毒、轮作倒茬;完善水利设施,健全排灌系统。从事畜牧业的,要按照县畜牧主管部门的统一要求,制定科学合理的免疫程序,切实做好动物强制性免疫工作;建立健全疫情报告、检疫申报制度、畜禽标识、消毒清洁和无害化处理等分类制度;养殖场采取修建化粪池、沼气池等措施,循环利用畜禽粪尿,防止污染环境。

(二)建立健全生产记录档案

按照农业标准化生产要求,逐步建立农业生产用地档案、农业投入品使用档案、田间生产管理档案、产品贮运销售档案。养殖类家庭农场还应建立畜禽养殖档案,全面记录畜禽的品种、数量、标识、来源、繁育以及检疫、免疫、诊疗、监测、消毒、调运等情况。农产品生产档案由农场专人填写,由农场自行整理和保管。农产品生产记录应当保存2年以上,禁止伪造农产品生产记录,农场主要定期组织人员对档案建立情况进行抽查。

(三)农产品质量安全监督检验

家庭农场应定期对农产品产地环境、生产过程和产品质量进行自检,同时主动申请、自觉接受农业监管部门检查。对抽检发现有影响产品质量的问题,应及时整改纠正。

第十八条 家庭农场生产的农产品要尽量采取包装销售,包装上要印注本场标识和联系方式,销售的农产品要如实填写销售记录,建立产品质量追溯制度。

第四章 财务管理制度

第十九条 家庭农场参照《小企业会计准则》《小企业财务管理制度》规定,结合自身实际,建立健全财务会计制度,准确核算生产经营收益情况。

第二十条 家庭农场应配备必要的专职或兼职财务人员,办理财务会计工作。有条件的可以聘请有资质的会计机构或会计人员代理记账,实行会计电算化管理。

第二十一条 家庭农场要建立总分类账、明细分类账和《固定资产登记簿》等账簿,完善财务会计资料,进行专业财务核算管理。

第二十二条 家庭农场要科学合理地设置会计科目,准确记载资产负债和经营收益情况,努力开展成本核算和效益分析。适时编制财务会计报表,并定期向农经管理等部门报送财务会计资料。

第二十三条 家庭农场应统一使用县级农经管理部门监制的账、表、据、簿,建立领用登记、稽查核销制度。

第二十四条 家庭农场应配备专门的档案柜,明确专人负责,分类收集和整理财务档案、文书档案、信息档案,妥善保管,完善防盗、防火、防霉、防虫蛀、防强光等保管措施。

第二十五条 家庭农场在向有关主管部门提供的财务报告等资料中,不得作虚假记载。

第五章 品牌和示范创建制度

第二十六条 家庭农场应加强品牌创建工作,积极争取无公害农产品、绿色食品、有机食品和国家地理标识认证,积极申报注册产品商标,积极参与产品展示、推介、交流活动,合理利用网络信息资源,不得作虚假宣传。

第二十七条 家庭农场应根据县级农经管理部门制定的示范性家庭农场认定管理办法要求,加强示范性家庭农场创建申报工作,发挥示范带动作用。

第二十八条 家庭农场应制定品牌和示范创建计划,分步组织实施。

第二十九条 家庭农场应当严格执行上级有关部门扶持家庭农场品牌和示范性创建办法规定,落实好财政奖补等扶持政策。

第六章 雇用工管理制度

第三十条 家庭农场以家庭成员为主要劳动力,合理利用当地农村剩余劳动力,带动其他农户增收。

第三十一条 家庭农场若长期雇用农工,应签订规范的劳务合同,保障劳动安全,按时足额兑现劳务报酬。有条件的可以按国家规定参加社会保险,为员工缴纳社会保险费。

第三十二条 家庭农场应建立从业人员花名册和雇用工管理台账,完备基本信息,可向劳动等有关部门备案登记。

第七章 学习培训制度

第三十三条 家庭农场从业人员应当积极参加各类业务学习培训,取得相关培训合格证。

第三十四条 家庭农场学习培训的内容主要包括党在农村的方针政策、涉农法律法规、生产经营管理知识、农产品质量安全监测和职业农民专业技能等方面。

第三十五条 家庭农场学习培训采取集中学习、以会代训、参观考察等方式进行。

第三十六条 家庭农场应建立并完善从业人员培训档案。

第三十七条 家庭农场学习培训情况纳入示范性家庭农场认定考核内容。

第八章 附则

第三十八条 国家和省(区、市)出台有关家庭农场发展新规定的,从其规定。

附录三 关于开展农民合作社规范提升行动的若干意见

各省（自治区、直辖市）人民政府，国务院有关部门：

  农民合作社是广大农民群众在家庭承包经营基础上自愿联合、民主管理的互助性经济组织，是实现小农户和现代农业发展有机衔接的中坚力量。经过多年不懈努力，我国农民合作社数量快速增长，产业类型日趋多样，合作内容不断丰富，服务能力持续增强，但其发展基础仍然薄弱，还面临运行不够规范、与成员联结不够紧密、扶持政策精准性不强、指导服务体系有待健全等问题。为贯彻落实习近平总书记重要指示精神，推动农民合作社高质量发展，经国务院同意，现就开展农民合作社规范提升行动提出以下意见。

一、总体要求

  （一）指导思想。以习近平新时代中国特色社会主义思想为指导，全面贯彻党的十九大和十九届二中、三中全会精神，紧紧围绕统筹推进"五位一体"总体布局和协调推进"四个全面"战略布局，按照党中央、国务院决策部署，落实新发展理念，坚持以农民为主体，以满足农民群众对合作联合的需求为目标，围绕规范发展和质量提升，加强示范引领，优化扶持政策，强化指导服务，不断增强农民合作社经济实力、发展活力和带动能力，充分发挥其服务农民、帮助农民、提高农民、富裕农民的功能作用，赋予双层经营体制新的内涵，为推进乡村全面振兴、加快农业农村现代化提供有力支撑。

  （二）基本原则。

  坚持党的领导。全面加强农村基层党组织对农民合作社的领导，加强农民合作社的党建工作，充分发挥党组织战斗堡垒作用和党员先锋模范作用，引导农民合作社始终坚持为农服务的正确方向。

  坚持高质量发展。把农民合作社规范运行作为指导服务的核心任务，把农民合作社带动服务农户能力作为政策支持的主要依据，把农民合作社发展质量作为绩效评价的首要标准，实现由注重数量增长向注重质量提升转变。

  坚持服务成员。把握农民合作社"姓农属农为农"属性，尊重农民主体地位和首创精神，为农民合作社成员提供低成本便利化服务，切实解决小农户生产经营面临的困难。

坚持市场导向。发挥市场在资源配置中的决定性作用，运用市场手段促进生产要素向农民合作社优化配置，拓展农民合作社经营内容和领域，创新合作模式和机制，以市场需求引导农民合作社高质量发展。

坚持依法指导监督。更好发挥政府对农民合作社的指导扶持服务作用，增强针对性和有效性。推进依法办社和规范治理，强化督促检查，确保政策措施落实落地。

（三）主要目标。到2020年，农民合作社质量提升整县推进稳步扩大，运行管理制度更加健全，民主管理水平进一步提升，成员权利得到切实保障，支持政策更加完善。到2022年，农民合作社质量提升整县推进基本实现全覆盖，示范社创建取得重要进展，辅导员队伍基本建成，农民合作社规范运行水平大幅提高，服务能力和带动效应显著增强。

二、提升规范化水平

（四）完善章程制度。指导农民合作社参照示范章程制定符合自身特点的章程，并根据章程规定加强内部管理和从事生产经营活动。农民合作社要加强档案管理，建立健全基础台账，实行社务公开，逐步实现公开事项、方式、时间、地点的制度化。（农业农村部等负责）

（五）健全组织机构。农民合作社要依法建立成员（代表）大会、理事会、监事会等组织机构。各组织机构应密切配合、协调运转，分别履行好成员（代表）大会议事决策、理事会日常执行、监事会内部监督等职责。规范经理选聘程序和任职要求，明确其工作职责。理事长、理事、经理和财务会计人员不得兼任监事。推动在具备条件的农民合作社中建立党组织，加强对农民合作社成员的教育引导和组织发动，维护成员合法权益，增强党组织的政治功能和组织力。（农业农村部等负责）

（六）规范财务管理。指导农民合作社认真执行财务会计制度，合理配备财务会计人员或进行财务委托代理。鼓励地方探索建立农民合作社信息管理平台，推动农民合作社财务和运营管理规范化，建立农民合作社发展动态监测机制。农民合作社要按规定设置会计账簿，建立会计档案，规范会计核算，及时向所在地县级农业农村部门报送会计报表，定期公开财务报告。依法为农民合作社每个成员建立成员账户，加强内部审计监督。农民合作社与其成员和非成员的交易，应当分别核算。国家财政直接补助形成的财产应依法量化到每个成员,农民合作社解散、破产清算时要按照相关办法处置。财政补助形成资产由农民合作社持有管护的,应建立健全管护制度。(财政部、农业农村部等负责)

(七)合理分配收益。农民合作社应按照法律和章程制定盈余分配方案,经成员(代表)大会批准实施。农民合作社可以从当年盈余中提取公积金,用于弥补亏损、扩大生产经营或者转为成员出资。可分配盈余主要按照成员与所在农民合作社的交易量(额)比例返还。农民合作社可以按章程规定或经成员(代表)大会决定,对提供管理、技术、信息、商标使用许可等服务或作出其他突出贡献的成员,给予一定报酬或奖励,在提取可分配盈余之前列支。(农业农村部等负责)

(八)加强登记管理。严格依法开展农民合作社登记注册,对农民合作社所有成员予以备案。农民合作社要按时向登记机关报送年度报告,未按时报送年报、年报中弄虚作假、通过登记住所无法取得联系的,由市场监管部门依法依规列入经营异常名录,并推送至全国信用信息共享平台,通过国家企业信用信息公示系统进行公示。列入经营异常的农民合作社不得纳入示范社评定范围。(市场监管总局、发展改革委、农业农村部等负责)

三、增强服务带动能力

(九)发展乡村产业。鼓励农民合作社利用当地资源禀赋,带动成员开展连片种植、规模饲养,提高标准化生产能力,保障农产品质量安全,壮大优势特色产业。引导农民合作社推行绿色生产方式,发展循环农业,实现投入品减量化、生产清洁化、废弃物资源化利用。支持农民合作社开发农业多种功能,发展休闲农业、乡村旅游、民间工艺制造业、信息服务和电子商务等新产业新业态,培育农业品牌,积极开展绿色食品、有机农产品认证,加强地理标志保护和商标注册,强化品牌营销推介,提高品牌知名度和市场认可度。(农业农村部、文化和旅游部、市场监管总局、林草局、知识产权局等负责)

(十)强化服务功能。鼓励农民合作社加强农产品初加工、仓储物流、技术指导、市场营销等关键环节能力建设。鼓励农民合作社延伸产业链条,拓宽服务领域,由种养业向产加销一体化拓展。发挥供销合作社综合服务平台作用，领办创办农民合作社。支持农民合作社开展农业生产托管，为小农户和家庭农场提供农业生产性服务。鼓励农民合作社和农民合作社联合社依法依规开展互助保险。（农业农村部、财政部、银保监会、林草局、供销合作总社等负责）

（十一）参与乡村建设。鼓励农民合作社建设运营农业废弃物、农村垃圾处理和资源化利用等设施，参与乡村基础设施建设，发挥其在农村人居环境整治、美丽乡村建设中的积极作用。引导农民合作社参与乡村文化建设。（发展改革委、财政部、住房城乡建设部、农业农村部、文化和旅游部、供销合作总社等负责）

（十二）加强利益联结。鼓励支持农民合作社与其成员、周边农户特别是贫困户建立紧密的利益联结关系，鼓励农民合作社成员用实物、知识产权、土地经营权、林权等可以依法转让的非货币财产作价出资。鼓励农民合作社吸纳有劳动能力的贫困户自愿入社发展生产经营。允许将财政资金量化到农村集体经济组织和农户后，以自愿出资的方式投入农民合作社，让农户共享发展收益。（农业农村部、财政部、林草局、扶贫办等负责）

（十三）推进合作与联合。积极引导家庭农场组建或加入农民合作社，开展统一生产经营服务。鼓励同业或产业密切关联的农民合作社在自愿前提下，通过兼并、合并等方式进行组织重构和资源整合。支持农民合作社依法自愿组建联合社，增强市场竞争力和抗风险能力。不得对新建农民合作社的数量下指标、定任务、纳入绩效考核。（农业农村部等负责）

四、开展"空壳社"专项清理

（十四）合理界定清理范围。清理工作按照农民合作社所在地实行属地管理。在对农民合作社发展情况摸底排查基础上，重点对被列入经营异常名录、群众反映和举报存在问题以及在"双随机"抽查中发现异常情形的农民合作社依法依规进行清理。（农业农村部、市场监管总局、水利部、林草局、扶贫办等负责）

（十五）实行分类处置。各地对列入清理范围的农民合作社，要逐一排查，精准甄别存在的问题。依托农民合作社综合协调机制共同会商，按照"清理整顿一批、规范提升一批、扶持壮大一批"的办法，实行分类处置。切实加强对清理工作的指导监督和协调配合,建立健全部门信息共享和通报工作机制。(农业农村部、市场监管总局、水利部、林草局、扶贫办等负责)

(十六)畅通退出机制。拓展企业简易注销登记适用范围,对企业简易注销登记改革试点地区符合条件的农民合作社,可适用简易注销程序退出市场。加强政策宣传和服务,为农民合作社自主申请注销提供便利服务。(市场监管总局、税务总局等负责)

五、加强试点示范引领

(十七)扎实开展质量提升整县推进试点。深入开展农民合作社质量提升整县推进试点,发展壮大单体农民合作社、培育发展农民合作社联合社、提升县域指导扶持服务水平。扩大试点范围,优先将贫困县纳入。建立县域内农民合作社登记协同监管机制。鼓励各地开展整县推进农民合作社规范化建设,创建一批农民合作社高质量发展示范县。(农业农村部等负责)

(十八)深入推进示范社创建。完善农民合作社示范社评定指标体系,持续开展示范社评定,建立示范社名录,推进国家、省、市、县级示范社四级联创。将农民合作社纳入农村信用体系建设范畴,鼓励各地建立农民合作社信用档案,对信用良好的农民合作社,在示范社评定和政策扶持方面予以倾斜。健全农民合作社示范社动态监测制度,及时淘汰不合格的农民合作社。(农业农村部、人民银行等负责)

(十九)充分发挥典型引领作用。认真总结各地整县推进农民合作社质量提升和示范社创建的经验做法,树立一批制度健全、运行规范的农民合作社典型,加大宣传推广力度。按照国家有关规定,对发展农民合作社事业作出突出贡献的单位和个人予以表彰奖励。(农业农村部、人力资源社会保障部等负责)

六、加大政策支持力度

(二十)加大财政项目扶持。统筹整合资金加大对农民合作社的支持力度,把深度贫困地区的农民合作社、县级及以上农民合作社示范社、农民合作社联合社等作为支持重点。各级财政支持的各类小型项目可以安排农民合作社作为建设管护主体。鼓励有条件的农民合作社参与实施农村土地整治、高标准农田建设、农技推广、农业社会化服务、现代农业产业园等涉农项目。落实农民合作社有关税收优惠政策。鼓励有条件的地方对农民合作社申请并获得农产品质量认证、品牌创建等给予适当奖励。（财政部、农业农村部、税务总局等负责）

（二十一）创新金融服务。支持金融机构结合职能定位和业务范围，对农民合作社提供金融支持。鼓励全国农业信贷担保体系创新开发适合农民合作社的担保产品，加大担保服务力度，着力解决农民合作社融资难、融资贵问题。开展中央财政对地方优势特色农产品保险奖补试点。鼓励各地探索开展产量保险、农产品价格和收入保险等保险责任广、保障水平高的农业保险品种，满足农民合作社多层次、多样化风险保障需求。鼓励各地利用新型农业经营主体信息直报系统，点对点为农民合作社对接信贷、保险等服务。探索构建农民合作社信用评价体系。防范以农民合作社名义开展非法集资活动。（人民银行、银保监会、财政部、农业农村部、林草局等负责）

（二十二）落实用地用电政策。农民合作社从事设施农业，其生产设施用地、附属设施用地、生产性配套辅助设施用地，符合国家有关规定的，按农用地管理。各地在安排土地利用年度计划时，加大对农民合作社的支持力度，保障其合理用地需求。鼓励支持农民合作社与农村集体经济组织合作，依法依规盘活现有农村集体建设用地发展产业。通过城乡建设用地增减挂钩节余的用地指标积极支持农民合作社开展生产经营。落实农民合作社从事农产品初加工等用电执行农业生产电价政策。（自然资源部、农业农村部、发展改革委等负责）

（二十三）强化人才支撑。分级建立农民合作社带头人人才库，分期分批开展农民合作社骨干培训。依托贫困村创业致富带头人培训，加大对农民合作社骨干的培育，增强其带贫减贫能力。鼓励支持各类乡村人才领办创办农民合作社，引导大中专毕业生到农民合作社工作。鼓励有条件的农民合作社聘请职业经理人。鼓励支持普通高校设置农民合作社相关课程、农业职业院校设立农民合作社相关专业或设置专门课程，为农民合作社培养专业人才。鼓励各地开展农民合作社国际交流合作。（教育部、人力资源社会保障部、农业农村部等负责）

七、强化指导服务

（二十四）建立综合协调工作机制。全国农民合作社发展部际联席会议成员单位要充分发挥职能作用，密切协调配合，合力推进农民合作社规范提升。地方各级政府要建立健全农业农村部门牵头的农民合作社工作综合协调机制，统筹指导、协调、推动农民合作社建设和发展。各地要强化指导服务，深入调查研究，加强形势研判，组织动员社会力量支持农民合作社发展。充分发挥农民合作社联合会在行业自律、信息交流、教育培训等方面的作用。（全国农民合作社发展部际联席会议各成员单位负责）

（二十五）建立健全辅导员队伍。重点加强县乡农民合作社辅导员队伍建设，有条件的地方可通过政府购买服务等方式，为乡镇选聘农民合作社辅导员，采取多种方式，对农民合作社登记注册、民主管理、市场营销等给予指导。大力开展基层农民合作社辅导员培训。（农业农村部等负责）

（二十六）加强基础性制度建设。抓紧修订农民合作社相关配套法规，完善农民合作社财务制度和会计制度。各地要加快制修订农民合作社地方性法规。大力开展农民合作社相关法律法规教育宣传，加强舆论引导，为促进农民合作社规范发展营造良好环境。（农业农村部、财政部等负责）

中央农办　农业农村部　发展改革委　财政部
水利部　税务总局　市场监管总局　银保监会
林草局　供销合作总社　国务院扶贫办

2019年9月4日

附录四 中华人民共和国农民专业合作社法

(2006年10月31日第十届全国人民代表大会常务委员会第二十四次会议通过 2017年12月27日第十二届全国人民代表大会常务委员会第三十一次会议修订)

第一章 总 则

第一条 为了规范农民专业合作社的组织和行为，鼓励、支持、引导农民专业合作社的发展，保护农民专业合作社及其成员的合法权益，推进农业农村现代化，制定本法。

第二条 本法所称农民专业合作社，是指在农村家庭承包经营基础上，农产品的生产经营者或者农业生产经营服务的提供者、利用者，自愿联合、民主管理的互助性经济组织。

第三条 农民专业合作社以其成员为主要服务对象，开展以下一种或者多种业务：

（一）农业生产资料的购买、使用；

（二）农产品的生产、销售、加工、运输、贮藏及其他相关服务；

（三）农村民间工艺及制品、休闲农业和乡村旅游资源的开发经营等；

（四）与农业生产经营有关的技术、信息、设施建设运营等服务。

第四条 农民专业合作社应当遵循下列原则：

（一）成员以农民为主体；

（二）以服务成员为宗旨，谋求全体成员的共同利益；

（三）入社自愿、退社自由；

（四）成员地位平等，实行民主管理；

（五）盈余主要按照成员与农民专业合作社的交易量（额）比例返还。

第五条 农民专业合作社依照本法登记，取得法人资格。

农民专业合作社对由成员出资、公积金、国家财政直接补助、他人捐赠以及合法取得的其他资产所形成的财产，享有占有、使用和处分的权利，并以上述财产对债务承担责任。

第六条 农民专业合作社成员以其账户内记载的出资额和公积金份额为限对农民专业合作社承担责任。

第七条 国家保障农民专业合作社享有与其他市场主体平等的法律地位。

国家保护农民专业合作社及其成员的合法权益，任何单位和个人不得侵犯。

第八条 农民专业合作社从事生产经营活动,应当遵守法律,遵守社会公德、商业道德,诚实守信,不得从事与章程规定无关的活动。

第九条 农民专业合作社为扩大生产经营和服务的规模,发展产业化经营,提高市场竞争力,可以依法自愿设立或者加入农民专业合作社联合社。

第十条 国家通过财政支持、税收优惠和金融、科技、人才的扶持以及产业政策引导等措施,促进农民专业合作社的发展。

国家鼓励和支持公民、法人和其他组织为农民专业合作社提供帮助和服务。

对发展农民专业合作社事业做出突出贡献的单位和个人,按照国家有关规定予以表彰和奖励。

第十一条 县级以上人民政府应当建立农民专业合作社工作的综合协调机制,统筹指导、协调、推动农民专业合作社的建设和发展。

县级以上人民政府农业主管部门、其他有关部门和组织应当依据各自职责,对农民专业合作社的建设和发展给予指导、扶持和服务。

第二章 设立和登记

第十二条 设立农民专业合作社,应当具备下列条件:

(一)有五名以上符合本法第十九条、第二十条规定的成员;

(二)有符合本法规定的章程;

(三)有符合本法规定的组织机构;

(四)有符合法律、行政法规规定的名称和章程确定的住所;

(五)有符合章程规定的成员出资。

第十三条 农民专业合作社成员可以用货币出资,也可以用实物、知识产权、土地经营权、林权等可以用货币估价并可以依法转让的非货币财产,以及章程规定的其他方式作价出资;但是,法律、行政法规规定不得作为出资的财产除外。

农民专业合作社成员不得以对该社或者其他成员的债权,充抵出资;不得以缴纳的出资,抵销对该社或者其他成员的债务。

第十四条 设立农民专业合作社,应当召开由全体设立人参加的设立大会。设立时自愿成为该社成员的人为设立人。

设立大会行使下列职权：

（一）通过本社章程，章程应当由全体设立人一致通过；

（二）选举产生理事长、理事、执行监事或者监事会成员；

（三）审议其他重大事项。

第十五条 农民专业合作社章程应当载明下列事项：

（一）名称和住所；

（二）业务范围；

（三）成员资格及入社、退社和除名；

（四）成员的权利和义务；

（五）组织机构及其产生办法、职权、任期、议事规则；

（六）成员的出资方式、出资额，成员出资的转让、继承、担保；

（七）财务管理和盈余分配、亏损处理；

（八）章程修改程序；

（九）解散事由和清算办法；

（十）公告事项及发布方式；

（十一）附加表决权的设立、行使方式和行使范围；

（十二）需要载明的其他事项。

第十六条 设立农民专业合作社，应当向工商行政管理部门提交下列文件，申请设立登记：

（一）登记申请书；

（二）全体设立人签名、盖章的设立大会纪要；

（三）全体设立人签名、盖章的章程；

（四）法定代表人、理事的任职文件及身份证明；

（五）出资成员签名、盖章的出资清单；

（六）住所使用证明；

（七）法律、行政法规规定的其他文件。

登记机关应当自受理登记申请之日起二十日内办理完毕，向符合登记条件的申请者颁发营业执照，登记类型为农民专业合作社。

农民专业合作社法定登记事项变更的，应当申请变更登记。

登记机关应当将农民专业合作社的登记信息通报同级农业等有关部门。

农民专业合作社登记办法由国务院规定。办理登记不得收取费用。

第十七条 农民专业合作社应当按照国家有关规定，向登记机关报送年度报告，并向社会公示。

第十八条 农民专业合作社可以依法向公司等企业投资，以其出资额为限对所投资企业承担责任。

第三章 成　员

第十九条 具有民事行为能力的公民，以及从事与农民专业合作社业务直接有关的生产经营活动的企业、事业单位或者社会组织，能够利用农民专业合作社提供的服务，承认并遵守农民专业合作社章程，履行章程规定的入社手续的，可以成为农民专业合作社的成员。但是，具有管理公共事务职能的单位不得加入农民专业合作社。

农民专业合作社应当置备成员名册，并报登记机关。

第二十条 农民专业合作社的成员中，农民至少应当占成员总数的百分之八十。

成员总数二十人以下的，可以有一个企业、事业单位或者社会组织成员；成员总数超过二十人的，企业、事业单位和社会组织成员不得超过成员总数的百分之五。

第二十一条 农民专业合作社成员享有下列权利：

（一）参加成员大会，并享有表决权、选举权和被选举权，按照章程规定对本社实行民主管理；

（二）利用本社提供的服务和生产经营设施；

（三）按照章程规定或者成员大会决议分享盈余；

（四）查阅本社的章程、成员名册、成员大会或者成员代表大会记录、理事会会议决议、监事会会议决议、财务会计报告、会计账簿和财务审计报告；

（五）章程规定的其他权利。

第二十二条 农民专业合作社成员大会选举和表决，实行一人一票制，成员各享有一票的基本表决权。

出资额或者与本社交易量（额）较大的成员按照章程规定，可以享有附加表决权。本社的附加表决权总票数，不得超过本社成员基本表决权总票数的百分之二十。享有附加表决权的成员及其享有的附加表决权数，应当在每次成员大会召开时告知出席会议的全体成员。

第二十三条　农民专业合作社成员承担下列义务：

（一）执行成员大会、成员代表大会和理事会的决议；

（二）按照章程规定向本社出资；

（三）按照章程规定与本社进行交易；

（四）按照章程规定承担亏损；

（五）章程规定的其他义务。

第二十四条　符合本法第十九条、第二十条规定的公民、企业、事业单位或者社会组织，要求加入已成立的农民专业合作社，应当向理事长或者理事会提出书面申请，经成员大会或者成员代表大会表决通过后，成为本社成员。

第二十五条　农民专业合作社成员要求退社的，应当在会计年度终了的三个月前向理事长或者理事会提出书面申请；其中，企业、事业单位或者社会组织成员退社，应当在会计年度终了的六个月前提出；章程另有规定的，从其规定。退社成员的成员资格自会计年度终了时终止。

第二十六条　农民专业合作社成员不遵守农民专业合作社的章程、成员大会或者成员代表大会的决议，或者严重危害其他成员及农民专业合作社利益的，可以予以除名。

成员的除名，应当经成员大会或者成员代表大会表决通过。

在实施前款规定时，应当为该成员提供陈述意见的机会。

被除名成员的成员资格自会计年度终了时终止。

第二十七条　成员在其资格终止前与农民专业合作社已订立的合同，应当继续履行；章程另有规定或者与本社另有约定的除外。

第二十八条　成员资格终止的，农民专业合作社应当按照章程规定的方式和期限，退还记载在该成员账户内的出资额和公积金份额；对成员资格终止前的可分配盈余，依照本法第四十四条的规定向其返还。

资格终止的成员应当按照章程规定分摊资格终止前本社的亏损及债务。

第四章　组织机构

第二十九条　农民专业合作社成员大会由全体成员组成，是本社的权力机构，行使下列职权：

（一）修改章程；

（二）选举和罢免理事长、理事、执行监事或者监事会成员；

（三）决定重大财产处置、对外投资、对外担保和生产经营活动中的其他重大事项；

（四）批准年度业务报告、盈余分配方案、亏损处理方案；

（五）对合并、分立、解散、清算，以及设立、加入联合社等作出决议；

（六）决定聘用经营管理人员和专业技术人员的数量、资格和任期；

（七）听取理事长或者理事会关于成员变动情况的报告，对成员的入社、除名等作出决议；

（八）公积金的提取及使用；

（九）章程规定的其他职权。

第三十条 农民专业合作社召开成员大会，出席人数应当达到成员总数三分之二以上。

成员大会选举或者作出决议，应当由本社成员表决权总数过半数通过；作出修改章程或者合并、分立、解散，以及设立、加入联合社的决议应当由本社成员表决权总数的三分之二以上通过。章程对表决权数有较高规定的，从其规定。

第三十一条 农民专业合作社成员大会每年至少召开一次，会议的召集由章程规定。有下列情形之一的，应当在二十日内召开临时成员大会：

（一）百分之三十以上的成员提议；

（二）执行监事或者监事会提议；

（三）章程规定的其他情形。

第三十二条 农民专业合作社成员超过一百五十人的，可以按照章程规定设立成员代表大会。成员代表大会按照章程规定可以行使成员大会的部分或者全部职权。

依法设立成员代表大会的，成员代表人数一般为成员总人数的百分之十，最低人数为五十一人。

第三十三条 农民专业合作社设理事长一名，可以设理事会。理事长为本社的法定代表人。

农民专业合作社可以设执行监事或者监事会。理事长、理事、经理和财务会计人员不得兼任监事。

理事长、理事、执行监事或者监事会成员，由成员大会从本社成员中选举产生，依照本法和章程的规定行使职权，对成员大会负责。

理事会会议、监事会会议的表决，实行一人一票。

第三十四条　农民专业合作社的成员大会、成员代表大会、理事会、监事会，应当将所议事项的决定作成会议记录，出席会议的成员、成员代表、理事、监事应当在会议记录上签名。

第三十五条　农民专业合作社的理事长或者理事会可以按照成员大会的决定聘任经理和财务会计人员，理事长或者理事可以兼任经理。经理按照章程规定或者理事会的决定，可以聘任其他人员。

经理按照章程规定和理事长或者理事会授权，负责具体生产经营活动。

第三十六条　农民专业合作社的理事长、理事和管理人员不得有下列行为：

（一）侵占、挪用或者私分本社资产；

（二）违反章程规定或者未经成员大会同意，将本社资金借贷给他人或者以本社资产为他人提供担保；

（三）接受他人与本社交易的佣金归为己有；

（四）从事损害本社经济利益的其他活动。

理事长、理事和管理人员违反前款规定所得的收入，应当归本社所有；给本社造成损失的，应当承担赔偿责任。

第三十七条　农民专业合作社的理事长、理事、经理不得兼任业务性质相同的其他农民专业合作社的理事长、理事、监事、经理。

第三十八条　执行与农民专业合作社业务有关公务的人员，不得担任农民专业合作社的理事长、理事、监事、经理或者财务会计人员。

第五章　财务管理

第三十九条　农民专业合作社应当按照国务院财政部门制定的财务会计制度进行财务管理和会计核算。

第四十条　农民专业合作社的理事长或者理事会应当按照章程规定，组织编制年度业务报告、盈余分配方案、亏损处理方案以及财务会计报告，于成员大会召开的十五日前，置备于办公地点，供成员查阅。

第四十一条　农民专业合作社与其成员的交易、与利用其提供的服务的非成员的交易，应当分别核算。

第四十二条 农民专业合作社可以按照章程规定或者成员大会决议从当年盈余中提取公积金。公积金用于弥补亏损、扩大生产经营或者转为成员出资。

每年提取的公积金按照章程规定量化为每个成员的份额。

第四十三条 农民专业合作社应当为每个成员设立成员账户，主要记载下列内容：

（一）该成员的出资额；

（二）量化为该成员的公积金份额；

（三）该成员与本社的交易量（额）。

第四十四条 在弥补亏损、提取公积金后的当年盈余，为农民专业合作社的可分配盈余。可分配盈余主要按照成员与本社的交易量（额）比例返还。

可分配盈余按成员与本社的交易量（额）比例返还的返还总额不得低于可分配盈余的百分之六十；返还后的剩余部分，以成员账户中记载的出资额和公积金份额，以及本社接受国家财政直接补助和他人捐赠形成的财产平均量化到成员的份额，按比例分配给本社成员。

经成员大会或者成员代表大会表决同意，可以将全部或者部分可分配盈余转为对农民专业合作社的出资，并记载在成员账户中。

具体分配办法按照章程规定或者经成员大会决议确定。

第四十五条 设立执行监事或者监事会的农民专业合作社，由执行监事或者监事会负责对本社的财务进行内部审计，审计结果应当向成员大会报告。

成员大会也可以委托社会中介机构对本社的财务进行审计。

第六章 合并、分立、解散和清算

第四十六条 农民专业合作社合并，应当自合并决议作出之日起十日内通知债权人。合并各方的债权、债务应当由合并后存续或者新设的组织承继。

第四十七条 农民专业合作社分立，其财产作相应的分割，并应当自分立决议作出之日起十日内通知债权人。分立前的债务由分立后的组织承担连带责任。但是，在分立前与债权人就债务清偿达成的书面协议另有约定的除外。

第四十八条 农民专业合作社因下列原因解散：

（一）章程规定的解散事由出现；

（二）成员大会决议解散；

（三）因合并或者分立需要解散；

（四）依法被吊销营业执照或者被撤销。

因前款第一项、第二项、第四项原因解散的，应当在解散事由出现之日起十五日内由成员大会推举成员组成清算组，开始解散清算。逾期不能组成清算组的，成员、债权人可以向人民法院申请指定成员组成清算组进行清算，人民法院应当受理该申请，并及时指定成员组成清算组进行清算。

第四十九条 清算组自成立之日起接管农民专业合作社，负责处理与清算有关未了结业务，清理财产和债权、债务，分配清偿债务后的剩余财产，代表农民专业合作社参与诉讼、仲裁或者其他法律程序，并在清算结束时办理注销登记。

第五十条 清算组应当自成立之日起十日内通知农民专业合作社成员和债权人，并于六十日内在报纸上公告。债权人应当自接到通知之日起三十日内，未接到通知的自公告之日起四十五日内，向清算组申报债权。如果在规定期间内全部成员、债权人均已收到通知，免除清算组的公告义务。

债权人申报债权，应当说明债权的有关事项，并提供证明材料。清算组应当对债权进行审查、登记。

在申报债权期间，清算组不得对债权人进行清偿。

第五十一条 农民专业合作社因本法第四十八条第一款的原因解散，或者人民法院受理破产申请时，不能办理成员退社手续。

第五十二条 清算组负责制定包括清偿农民专业合作社员工的工资及社会保险费用，清偿所欠税款和其他各项债务，以及分配剩余财产在内的清算方案，经成员大会通过或者申请人民法院确认后实施。

清算组发现农民专业合作社的财产不足以清偿债务的，应当依法向人民法院申请破产。

第五十三条 农民专业合作社接受国家财政直接补助形成的财产，在解散、破产清算时，不得作为可分配剩余资产分配给成员，具体按照国务院财政部门有关规定执行。

第五十四条　清算组成员应当忠于职守，依法履行清算义务，因故意或者重大过失给农民专业合作社成员及债权人造成损失的，应当承担赔偿责任。

第五十五条　农民专业合作社破产适用企业破产法的有关规定。但是，破产财产在清偿破产费用和共益债务后，应当优先清偿破产前与农民成员已发生交易但尚未结清的款项。

第七章　农民专业合作社联合社

第五十六条　三个以上的农民专业合作社在自愿的基础上，可以出资设立农民专业合作社联合社。

农民专业合作社联合社应当有自己的名称、组织机构和住所，由联合社全体成员制定并承认的章程，以及符合章程规定的成员出资。

第五十七条　农民专业合作社联合社依照本法登记，取得法人资格，领取营业执照，登记类型为农民专业合作社联合社。

第五十八条　农民专业合作社联合社以其全部财产对该社的债务承担责任；农民专业合作社联合社的成员以其出资额为限对农民专业合作社联合社承担责任。

第五十九条　农民专业合作社联合社应当设立由全体成员参加的成员大会，其职权包括修改农民专业合作社联合社章程，选举和罢免农民专业合作社联合社理事长、理事和监事，决定农民专业合作社联合社的经营方案及盈余分配，决定对外投资和担保方案等重大事项。

农民专业合作社联合社不设成员代表大会，可以根据需要设立理事会、监事会或者执行监事。理事长、理事应当由成员社选派的人员担任。

第六十条　农民专业合作社联合社的成员大会选举和表决，实行一社一票。

第六十一条　农民专业合作社联合社可分配盈余的分配办法，按照本法规定的原则由农民专业合作社联合社章程规定。

第六十二条　农民专业合作社联合社成员退社，应当在会计年度终了的六个月前以书面形式向理事会提出。退社成员的成员资格自会计年度终了时终止。

第六十三条　本章对农民专业合作社联合社没有规定的，适用本法关于农民专业合作社的规定。

第八章 扶持措施

第六十四条 国家支持发展农业和农村经济的建设项目，可以委托和安排有条件的农民专业合作社实施。

第六十五条 中央和地方财政应当分别安排资金，支持农民专业合作社开展信息、培训、农产品标准与认证、农业生产基础设施建设、市场营销和技术推广等服务。国家对革命老区、民族地区、边疆地区和贫困地区的农民专业合作社给予优先扶助。

县级以上人民政府有关部门应当依法加强对财政补助资金使用情况的监督。

第六十六条 国家政策性金融机构应当采取多种形式，为农民专业合作社提供多渠道的资金支持。具体支持政策由国务院规定。

国家鼓励商业性金融机构采取多种形式，为农民专业合作社及其成员提供金融服务。

国家鼓励保险机构为农民专业合作社提供多种形式的农业保险服务。鼓励农民专业合作社依法开展互助保险。

第六十七条 农民专业合作社享受国家规定的对农业生产、加工、流通、服务和其他涉农经济活动相应的税收优惠。

第六十八条 农民专业合作社从事农产品初加工用电执行农业生产用电价格，农民专业合作社生产性配套辅助设施用地按农用地管理，具体办法由国务院有关部门规定。

第九章 法律责任

第六十九条 侵占、挪用、截留、私分或者以其他方式侵犯农民专业合作社及其成员的合法财产，非法干预农民专业合作社及其成员的生产经营活动，向农民专业合作社及其成员摊派，强迫农民专业合作社及其成员接受有偿服务，造成农民专业合作社经济损失的，依法追究法律责任。

第七十条 农民专业合作社向登记机关提供虚假登记材料或者采取其他欺诈手段取得登记的，由登记机关责令改正，可以处五千元以下罚款；情节严重的，撤销登记或者吊销营业执照。

第七十一条 农民专业合作社连续两年未从事经营活动的，吊销其营业执照。

第七十二条 农民专业合作社在依法向有关主管部门提供的财务报告

等材料中，作虚假记载或者隐瞒重要事实的，依法追究法律责任。

第十章　附　则

第七十三条　国有农场、林场、牧场、渔场等企业中实行承包租赁经营、从事农业生产经营或者服务的职工，兴办农民专业合作社适用本法。

第七十四条　本法自 2018 年 7 月 1 日起施行。

参考文献

[1] 周晖,李秀芹,马亚教. 农民专业合作社实务教程 [M]. 北京:中国农业科学技术出版社,2012.

[2] 农业部农村经济体制与经营管理司,农业部农村合作经济经营管理总站. 农民专业合作组织案例评析 [M]. 北京:中国农业出版社,2009.

[3] 赵慧峰等. 农村合作经济组织建设与运行 [M]. 北京:中国农业出版社,2009.

[4] 张晓山,苑鹏. 合作经济理论与中国农民合作社的实践 [M]. 北京:首都经济贸易大学出版社,2010.

[5] 赵维清,边志瑾. 浙江省家庭农场经营模式与社会化服务机制创新分析 [J]. 农业经济,2012(7):37-39.

[6] 胡光明. 对完善家庭农场经营机制的思考 [J]. 中国农垦,2010(3):36-38.

[7] 黎东升,曾令香,查金祥. 我国家庭农场发展的现状与对策 [J]. 福建农业大学学报(社会科学版),2000,3(3):5-8.

[8] 扈艳萍. 农村常见政策法规解答 [M]. 北京:化学工业出版社,2013.

[9] 王润珍. 农村社会学 [M]. 北京:化学工业出版社,2010.

[10] 扈艳萍. 农村政策与法规 [M]. 北京:化学工业出版社,2012.

[11] 巫建华,严东权. 家庭农场经营管理 [M]. 北京:中国农业出版社,2016.

[12] 尚旭东,韩洁. 家庭农场经营者及其雇工问题 [J]. "三农"问题,2016(2):1-6.